FALKEN
FARBIG

Arbo Gast

Batik

leicht gemacht

FALKEN
VERLAG

Bild Seite 2: Weiße Blüten auf einem mit Russischgrün gefärbten Untergrund. Das hellere Grün entstand durch kürzere Färbezeit, die rosa Farbtupfer wurden mit dem Pinsel gemacht.

Titelbild:
Seidentücher (Beschreibung Seite 58), Tischdecke und Kissen (Beschreibung Seite 59)

CIP-Kurztitelaufnahme der Deutschen Bibliothek

Gast, Arbo:
Batik leicht gemacht / Arbo Gast. –
Niedernhausen (Ts.): Falken-Verlag, 1981.
(Falken farbig)
ISBN 3–8068–5112–3
NE: GT

ISBN 3 8068 5112 3

Fotos: studio arbogast, mit freundlicher Genehmigung der DEKA-Textilfarben GmbH.
Modelle: Claudia Böhm, DEKA-Textilfarben GmbH, Ine Batik – Irene Eder, Lilo Heinrich, Lola Mehrpuyan, Peter Sieber, Hannie Stegmüller sowie von Studentinnen der Pädagogischen Hochschule Weingarten.
Gesamtherstellung: Stalling AG, Oldenburg

817 2635 4453 6271

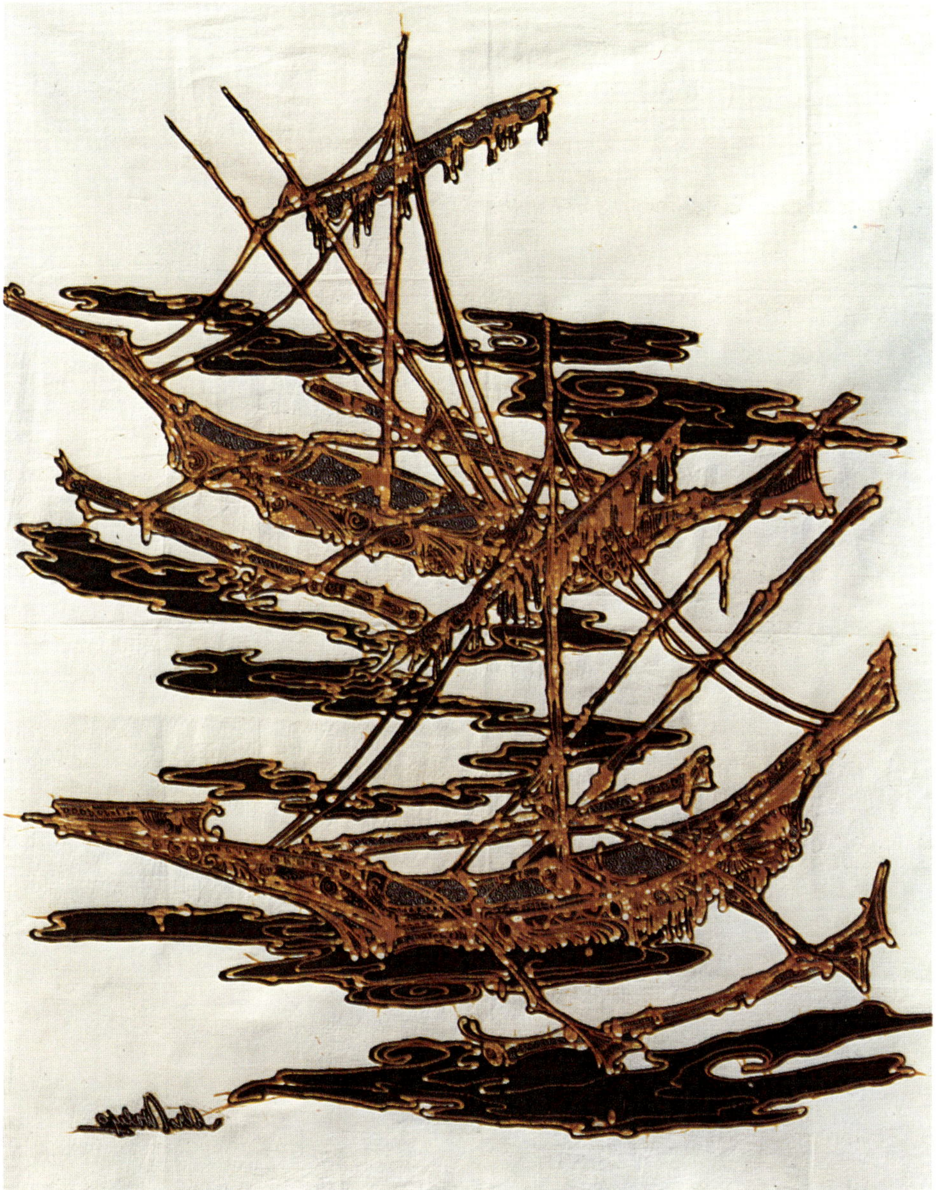

Inhalt

Vorwort

Angeregt von einer Batikausstellung in einer Sparkasse, begeistert von schönen Arbeiten junger Batikkünstler auf einem Weihnachts- oder Flohmarkt, oder weil es Sie schon länger interessiert: Sie halten nun dieses Batikbuch in Händen und wollen mehr über diese Technik wissen. Wissen Sie aber auch, worauf Sie sich da einlassen?
Sie lernen eine Stoffziertechnik kennen, wie man sie sich freier, farbenfroher und überraschender nicht vorstellen kann. Batik ist sicherlich das Beeindruckendste, was mit Farben auf einem Gewebe zustandegebracht werden kann.
Nun ist Batik eine Kunstrichtung, die hierzulande über keinerlei Tradition verfügt, die zu Beginn unseres Jahrhunderts aus dem Fernen Osten – dem indonesischen Inselarchipel – importiert wurde, hier allmählich Fuß faßte und mittlerweile – europäisch weiterentwickelt und zugleich vereinfacht – zu einem der beliebtesten Hobbies geworden ist.
«Batik» ist ein javanisches Wort und bedeutet im Ursprungsland etwa «tüpfeln, stricheln» oder auch «zeichnen, malen, schreiben». Das sind nun recht unterschiedliche Bedeutungen, sie sagen eigentlich noch nichts über das Wesentliche dieser Technik aus. Beim Batiken wird ja nicht gezeichnet oder gemalt, wie es in unseren Breitengraden verstanden wird, sondern auf gänzlich andere Weise.

Eine Bluse aus zartem Seidenbatist, eine moderne Arbeit aus Thailand, an der man sehr schön sieht, wie bewußt Wachssprünge (= Craquelé) erzielt werden können.

Batiken heißt, Muster mittels heißen flüssigen Wachses auf einen Stoff, auf ein Gewebe aufbringen. Dieses Wachs erstarrt sogleich und hält die Gewebefaser umschlungen, so daß an diese Stellen keine Farbe gelangen kann. Wenn der Stoff in ein Farbbad getaucht wird, dringt die Farbe in die freien nicht durch Wachs «reservierten» Fasern. Alle Vorstellungen von Stoffmalerei oder Stoffdruck können Sie beiseite lassen, wenn Sie zu batiken beginnen. Batik ist eine völlig andersgeartete Technik, arbeitet nach eigenen Gesetzmäßigkeiten und bietet dementsprechend überraschende, neuartige und auch ungewohnte Effekte gegenüber den herkömmlichen Stoffziertechniken.
Die Heimat der Batik kennt diese Art der Stoffdekoration schon über tausend Jahre und hat sie von primitiven Anfängen ins Feinste entwickelt und gesteigert.

Eine moderne Arbeit aus Indonesien: «Kämpfende Hähne».

Kostbare Batiken sind überliefert, mit berauschenden Formen und hinreißenden Farben, sie waren – mit bestimmten Mustern und Farbkombinationen – vor Jahrhunderten ausschließlich vornehmen oder gar fürstlichen Personen bestimmt, und erst in neueren Zeiten wurden sie allgemein verbreitet. Heute kann sie jedermann tragen, die Tradition ist ungebrochen, die klassischen Muster sind noch immer gültig.

In einigen Beispielen zeige ich Ihnen Originale aus vergangenen Zeiten und aus unseren Tagen. Sie sehen, wie durchgearbeitet die Motive sind, wie präzise Flächen und Linien gesetzt und aufgeteilt wurden.

Im Rahmen dieses Buches soll nicht näher auf die «Original-Batik» eingegangen werden, sie würde mehr als ein Buch füllen. Hier soll ausschließlich von der modernen europäischen Batik die Rede sein. Sie ist durchaus ein legitimes Kind der fernöstlichen Batik, hat sich aber doch weitgehend gelöst von ihrem Vorbild: Die traditionellen Muster konnten ja nur schwerlich auf unseren Raum übertragen werden, da sie in Südostasien mythologische und auch geschichtliche Bedeutung haben, hier aber lediglich dekorativ wirken können. Die Beschränkung auf wenige

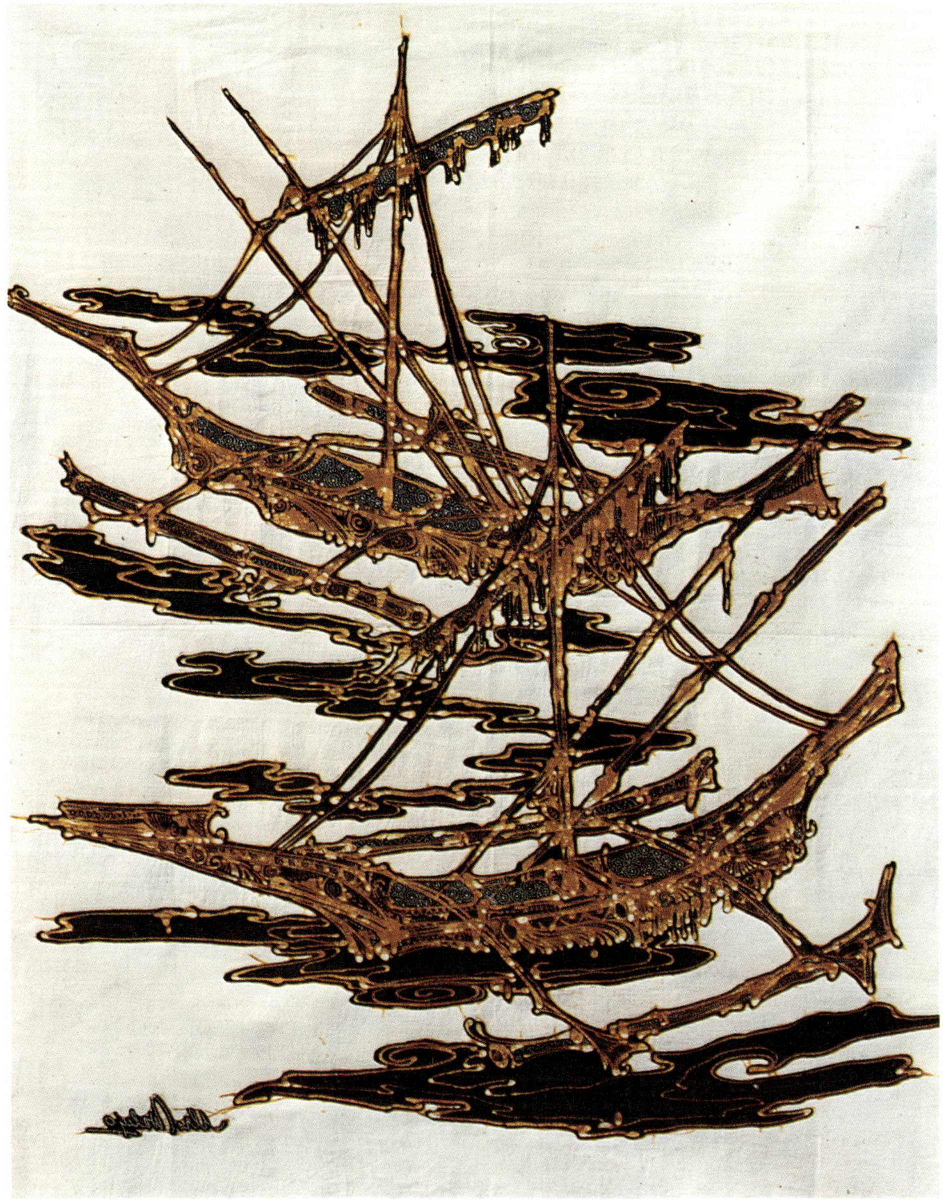

Ebenfalls eine zeitgenössische indonesische Arbeit: Abstrakt aufgefaßte Segelschiffe.

Farben (die ebenfalls bestimmtes «bedeuteten» wie etwa hierzulande Rot für die Liebe oder Grün für die Hoffnung!) wurde aufgehoben durch das vielfältige Angebot der modernen Farbenindustrie, aus deren Reservoir wir ungehindert schöpfen können. Nur die Technik ist gleichgeblieben: Das Muster muß mit heißem Wachs aufgetragen werden, der Stoff wird in einem Farbbad eingefärbt, wird wieder gewachst, in anderem Farbbad erneut gefärbt und so fort, bis die beabsichtigte Batik erreicht ist.
Wie sehr sich hiesige Batiken von den Originalen unterscheiden, wie sie sich «freigeschwommen» haben, sehen Sie in diesem Buch. Wie man beim Batiken vorgeht, wie man wachst, wie man Motive entwickelt, Farbbäder ansetzt, Stoffe darin einfärbt und auch überfärbt, das alles soll gezeigt werden.
Dabei möchte ich mich auf das Wesentliche beschränken, zeige von etlichen Batikkünstlern einige Arbeiten, führe einige einfache Batikentwicklungen vor und biete Ihnen in und mit diesen fertigen Batiken manche Anregung, was Motivwahl, Färbefolgen, Wachstechnik und vor allem das Wechselspiel von Gewebe und Farbwirkung angeht.

Eine klassische javanische Arbeit in den typischen Farben Indigoblau, Rohweiß und Sogabraun.

Detail aus einem alten javanischen Tuch, verschiedene Tjaps (= Druckstempel) wurden eingesetzt.

Dabei wird es Ihnen einfach gemacht, aber auch ein bißchen schwer: Einfach deswegen, weil alles, was mit der Batiktechnik, dem Wachsen und dem Färben zusammenhängt, eingehend behandelt und durchgespielt wird. Es wird keine Schwierigkeit ausgelassen, die Ihnen beim Batiken entstehen könnte. Für jeden möglichen Fehler wird auch die nötige Abhilfe genannt, so daß Sie sich nicht im Stich gelassen fühlen.
Etwas Arbeit bleibt Ihnen aber, und das ist, was ich «ein bißchen schwer» nenne: Das Buch bietet mannigfaltige Ideen in Bild und Text; Sie sollen sich aber nicht davon «erschlagen» lassen! Nehmen Sie sie als Anregung und entwickeln Sie Eigenes, planen Sie Neues, nur Ihnen Gemäßes, so wie sich die europäische Batik auch neu gestaltet hat und eigene Wege gegangen ist.
Ihre Phantasie, Ihre Einfallskraft, Ihre Kreativität müssen Sie selbst schulen, dafür ist manche Stunde des Nachdenkens, Ausprobierens und Weiterexperimentierens nötig. Wenn Sie dazu die Geduld aufbringen und stets neu Spaß daran haben, ist der Sinn und die Aufgabe dieses Buches erfüllt, dann ist Batik «leicht gemacht»!
Ich wünsche Ihnen dazu gutes Gelingen und stets neue Freude!

Was man zum Batiken alles braucht

Zu Beginn der Beschäftigung mit dem Batiken steht die Auswahl der Zutaten und der unerläßlichen Hilfsmittel. Wie man sich denken kann, läßt sich die Wachs-Reservierung auf allen möglichen Bildträgern ausprobieren; der wichtigste davon ist zweifellos tierisches und pflanzliches Gewebe, von dem der Markt eine schier unübersehbare Palette unter dem Begriff «Naturfasern» anbietet.

Stoffe und Gewebe

Welche Stoffe soll man nun zum Batiken nehmen? Die Entscheidung ist ganz einfach und hängt lediglich davon ab, was Sie mit Ihrer fertigen Batik anfangen wollen. Es leuchtet ein, daß man zu einem duftigen Schal ein anderes Gewebe nimmt als zu einer Tagesdecke. Denken Sie beim Kauf des Stoffes also zuerst an den Verwendungszweck. Modische Accessoires, die zur Kleidung gehören, werden wohl immer aus zarten Geweben wie Seide oder auch Batist bestehen, strapazierfähigere Textilien wie Röcke, Kleider oder Dekorationsstücke vom Tischläufer bis zum Vorhang erfordern entsprechende Stoffqualitäten.

Detail aus einer Batik in Weiß-Kupfer-Altgold-Schwarz (s. auch Abbildung auf Seite 58) auf Fujiseide. Fujiseide ist dank ihrer glatten Oberfläche gut zu bearbeiten.

In der Bildfolge auf dieser und den nächsten Seiten werden die für das Batiken wichtigsten Stoffe vorgestellt, um Ihnen einen Eindruck zu geben, wie ein Gewebe die fertige Batik beeinflußt. Sie merken den Unterschied, wenn Sie das gleiche Muster auf einer glatten Seide (Pongé, Twill, Toile) oder auf Georgette, Chiffon oder Crêpe de Chine batiken, ganz zu schweigen von Bourette, deren Stoffstruktur und -textur ja schon recht ausgeprägt ist und fast Leinencharakter aufweist.

Worauf soll man beim Stoffkauf achten
Wie gesagt, kommen nur Naturfasern zum Batiken in Frage, denn nur auf ihnen oder besser mit ihnen entfalten die Batikfarben ihre ganze Leuchtkraft. Das mit den Naturfasern ist nun ganz wörtlich gemeint: Fragen Sie in Ihrem Stoffgeschäft nach Ware, deren Zusammensetzung genau angegeben ist. Wenn Sie Stoffe aus Pflanzenfasern (Baumwollen, Leinen) kaufen wollen, sollten sie auch hundertprozentig aus ebendiesen bestehen und keine synthetischen Beimischungen (zum Beispiel Polyester usw.) haben und auch nicht «ausgerüstet» sein. Ausgerüstete Stoffe sind zwar aus reiner Naturfaser, aber mit einer synthetischen Substanz beschichtet, die verhindert, daß die Batikfarbe eine innige Verbindung mit dem Stoff eingehen kann.

Ein Detail aus der Abbildung auf Seite 60 auf Bouretteseide. Bourette ist gut für Röcke, Jacken oder Westen geeignet. Für den Anfänger ist sie etwas schwierig zu bearbeiten, da der Stoff leicht genoppt und relativ dicht gewebt ist.

Detail aus einer Batik auf Pongéseide. Beachten Sie das klare Craquelé. Auch Pongéseide hat eine schöne, glatte Oberfläche, die Pinsel und Tjanting wenig Widerstand entgegensetzt und sich gut batiken läßt. Diese Seide ist besonders gut für Tücher und Schals geeignet.

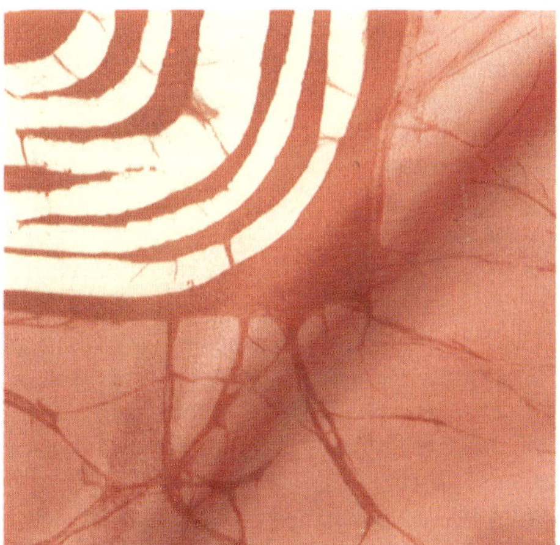

Kaufen Sie also keine Baumwolle, die bei nur 30° gewaschen werden darf, sie ist «ausgerüstet», also pflegeleicht, und wird beim Auskochen grau und unansehnlich. Machen Sie einmal ein paar Probefärbungen mit einem alten Batisttaschentuch (reine Baumwollfaser) und einem Fetzen eines «bügelfreien» (also pflegeleichten) Oberhemdes, Sie werden den Unterschied merken: Die Farbe des Taschentuchs wird leuchtend ausfallen, die des Hemdstoffs aber matt und blaß. Solche Versehen beim Kauf oder beim Färben führen stets nur zu Enttäuschung, und die kann man sich bei einiger Umsicht ersparen! Zu den Pflanzenfasern vom Baumwollbatist bis zum Samt wäre noch etwas zu bemerken: Alle diese Stoffsorten sind appretiert, um ihnen ein glattes, gefälliges Aussehen zu geben. Auch die Appretur verhindert, daß sich die Batikfarbe an die Faser kettet; sie muß entfernt werden! Das geschieht am einfachsten, indem Sie den neuen Stoff bei einer Kochwäsche in der Waschmaschine mitlaufen lassen oder extra auskochen. Das hat zudem

Detail aus dem Kaftan auf Seite 61. Das Material ist Schweizer Baumwollvoile, ein sehr zarter, durchscheinender Stoff.

einzusetzen. Erst wenn man Farbkombinationen beherrscht und Färbefolgen steuern kann, sollte man sich mit schon farbigen Stoffen beschäftigen. Natürlich dürfen sie nur hellfarbig und dazu uni sein, die Musterungen wollen Sie ja selber batiken.

noch den Vorteil, daß Ihr Stoff nun auf seine endgültige Größe geschrumpft ist, denn er ist ja eingelaufen! Es wäre doch zu ärgerlich, wenn ein Kissen zu klein, ein Rock zu kurz oder die Bluse zu eng geraten, nur weil man den Stoff vor dem Batiken und Nähen nicht richtig ausgewaschen hat.
Diese Sorgen haben Sie nicht, wenn Sie gleich zu dem kostbaren «Bildträger» Seide greifen. Einmal, weil auf Seide am einfachsten zu batiken ist, was besonders frischgebackenen Batikern entgegenkommt, zum zweiten, weil die Farben auf Seide am prächtigsten leuchten. Seide können Sie so nehmen, wie Sie sie gekauft haben, sie braucht nicht gewaschen zu werden und, eine Appretur ist nicht zu entfernen. Lediglich Wildseide (Rohseide, Japanseide) sollte mit einem Feinwaschmittel ausgewaschen werden, um restliche Fettspuren zu beseitigen.
Zum Einstieg in die Welt der Batik empfiehlt es sich, weiße oder naturfarbene Stoffe zu kaufen, denn nur so lernt man Einzelfarben und Überfärbungen richtig

Batikfarben

Zum Batiken brauchen Sie neben dem Stoff die dazugehörigen Farben, die Sie in Hobbyläden oder Bastelgeschäften kaufen können. Es gibt verschiedene Fabrikate mit unterschiedlich großen Farbpaletten. Achten Sie darauf, daß Sie sich auf ein bestimmtes Fabrikat festlegen und mit ihm Ihre Erfahrungen machen, denn jede Farbsorte reagiert verschieden beim Färben und Überfärben. Legen Sie sich eine Farbe zu, die nicht zu teuer kommt, einfach zu handhaben, licht- und waschecht ist und über eine ausreichende Anzahl von Farbtönen verfügt.
Batikfarben heißen auch Textilfarben und sind im Unterschied zu den Stoffarten (für

Wunderbar zart wirkt eine Batik auf Chiffon. Allerdings ist das Material schwer zu bearbeiten, da es keine glatte Oberfläche hat und deshalb besonders dem Tjanting einigen Widerstand entgegensetzt. Solche Stoffe sollte man für Schals und Stolen benutzen und den Saum handrollieren, wie es die Abbildung zeigt.

Eine ganz exotische Batik, frei nach einem japanischen Farbholzschnitt gearbeitet. Dazu wurde ein exklusives Material gewählt: Samt. Batiken auf Samt ist einem Anfänger nicht zu raten, da das Material sehr dicht gewebt ist und einen hohen Flor hat. Wer schon Erfahrung mit Batiken hat und etwa einen Samtrock nähen und batiken möchte, sollte nur folgendes beachten: Samt schluckt viel Wachs und viel Farbe. Das bedeutet, daß auf Vorder- und Rückseite des Stoffes sehr gründlich gewachst werden muß und daß sich immer eine matte Farbwirkung ergeben wird.

Eine «Tüpfel»-Batik im wahrsten Sinne des Wortes mit einer Färbung in Russischgrün auf Baumwolle (siehe dazu auch Abbildung auf Seite 25). Es wurde unterschiedlich intensiv gewachst, so daß die schwächer gewachsten Stellen sich – bedingt durch das starke Craquelé – wie eine hellere Grünfärbung ausnehmen und die gründlicher gewachsten Stellen weiß erscheinen. Ein besonders zierliches Tjanting, ein Javatjanting, mit einem Röhrchen von 0,5 mm Durchmesser wurde benutzt.

Stoffmalerei oder -druck) keine Malfarben, sondern Färbefarben. Diese Unterscheidung ist für die Batik wichtig, denn nur mit Textilfarben kann man färben und batiken, aus zwei Grundtönen weitere Töne zusammenfärben und mühelos seine Lieblingsfarben hervorzaubern.
Batikfarben werden in Pulverform geliefert und müssen mit Wasser zu einem Farbbad angesetzt werden, in das der Stoff dann eingetaucht wird. Dabei ketten sich die Farbmoleküle an die Faser und verleihen ihr den angesetzten Farbton. Färbt man dann die nächste Farbe ein, läuft der gleiche Vorgang ab. Nur wird der erste Farbton nicht überdeckt, sondern die einzelnen Moleküle des zweiten Farbtons verketten sich wiederum mit der Faser, sie sitzen nun einträchtig neben denen des ersten Farbbades und erscheinen unserem Auge allein als ein neuer, dritter Farbton: Zum Beispiel Gelb und Blau ergeben Grün. Das können Sie sich sinnfällig selbst vorführen: Schneiden Sie sich eine runde Pappscheibe aus, malen Sie die eine Hälfte Gelb, die andere Blau. Stekken Sie durch die Mitte eine Stricknadel oder einen Nagel und lassen Sie die Scheibe rotieren: der Kreis erscheint bei hinreichender Geschwindigkeit als Grün.
Wie man nun Farben mischt und welche neuen Töne sie ergeben, wird noch eingehend im Kapitel «Färben mit Batikfarben» behandelt. Wie beim Stoff richtet sich auch die Wahl der Farbsorte danach, was Sie mit Ihrer Batik beginnen wollen. Alle Strapaziertextilien, die häufig gewaschen oder gar gekocht werden müssen, erfor-

Eine außergewöhnliche Batik auf festem Japanpapier mit einem ebenso außergewöhnlichen Thema: Hermes, der Götterbote und Gott der Diebe wurde hier verewigt. Die Wachsarbeit wurde zum Teil mit dem Pinsel, zum Teil mit einem feinen Tjanting ausgeführt; gefärbt wurde durch Eintauchen in ein Farbbad und nicht wie sonst bei Japanpapier üblich durch Pinselfärbung.

Zitron
Gelb
Rosa
Altrosa
Scharlach
Rubinrot
Karmoisin
Bordo
Hellblau
Kornblumenblau
Brillantblau
Dunkelblau
Marineblau
Lila
Violett
Hellgrün
Giftgrün
Russischgrün
Dunkelgrün
Lachs
Kupfer
Altgold
Beige
Rehbraun
Modebraun
Kastanienbraun
Dunkelbraun
Perlgrau
Dunkelgrau
Tiefschwarz
Orange
Brillantrot
Türkisblau

33 Farbtöne gibt es bei der Textilfarbe «L». Vergleichen Sie mit der Abbildung auf Seite 57, in der Sie dieselben Töne entfärbt wiederfinden.

dern eine kochechte Batikfarbe; zarte Tücher aber oder Batikbilder, die gar nicht gewaschen, höchstens chemisch gereinigt werden, brauchen eine spezielle, sozusagen maßgeschneiderte Batikfarbe. Wir arbeiten hier mit zwei Batikfarben, die allgemein und überall erhältlich sind, einer sogenannten Heißwasserfarbe und einer Kaltfarbe. Alle Modelle in den Abbildungen wurden mit diesen beiden Batikfarben gefärbt und gebatikt.

Heißwasserfarben
Die eine Batikfarbe dieser Kategorie (DEKA Serie L) wurde ausgewählt, weil sie über eine umfassende Farbtonpalette verfügt und außerordentlich problemlos zu handhaben ist und eine recht gute Licht- und Waschechtheit besitzt. Sie gibt es in 10-g-Päckchen zu kaufen; ein Päckchen reicht etwa für 125–250 g Stoffgewicht. Das Farbpulver wird in kochendem Wasser aufgelöst, das Färben ist nach maximal 30 Minuten abgeschlossen. Wie man richtig färbt und batikt, ist immer als Gebrauchsanweisung auf jedem Päckchen aufgedruckt und wird auch noch ausführlich später durchgespielt. Die fertig gefärbten beziehungsweise gebatikten Stükke lassen sich zwar bei 40° waschen, es ist aber zu empfehlen, sie chemisch reinigen zu lassen – was man bei aufwendigeren Arbeiten ohnehin tun sollte. Bleibt doch durch das Reinigen die Leuchtkraft und Brillanz für lange Zeiten erhalten!

Kaltfarben
Kaltfarben (zum Beispiel DEKA batika®) gibt es ebenfalls in 10-g-Päckchen, zu denen aber ein zweites Päckchen von 15 g mit einem Reaktionsmittel gehört. Deshalb nennt man sie auch Zweikomponentenfarben. Das Reaktionsmittel – die zweite Komponente – bewirkt, daß die Farbmoleküle sich an die Gewebefaser anketten und auch härtesten Beanspruchungen wie praller Sonne und Wäsche bei 95° widerstehen können. Dazu muß der Stoff etwa 60 Minuten bei 30–40° im Farbbad liegen bleiben und dabei ständig bewegt werden, damit die Färbung gleichmäßig ausfällt. Nach maximal zwei Stunden erlischt die Kraft des Reaktionsmittels, in dieser Zeit muß also ein Färbevorgang mit einem angesetzten Farbbad beendet sein. Zum Probieren des Farbtons läßt sich das Farbbad auch ohne Reaktionsmittel ansetzen; diese Probefärbung dürfen Sie aber nicht verwenden, da sie keinerlei Waschechtheit besitzt! Alles Wichtige steht in Kurzform auf dem Farbpulverpäckchen. Wer sich daran hält und nicht nur «frei Schnauze» vorgeht, wird stets einwandfreie Färbungen erzielen.

Zu jedem Beutel Farbe gehört ein Beutel Reaktionsmittel!

Dies sind die 12 Farbtöne der Kaltfarbe (hier DEKA-batika®), der kochechten Batikfarbe. Auch dazu finden Sie die «entfärbte» Karte in der Abbildung auf Seite 56.

Das Färben mit Batikfarben

Bevor Sie sich mit der eigentlichen Batik beschäftigen (Wachsen und Färben), sollten Sie Ihre Aufmerksamkeit ein wenig dem Färben allein zuwenden. Vom richtigen Färben und Überfärben, dem Zusammenwirken mehrerer Farbtöne, hängt letztlich das Ergebnis, eine gute Batik, ab. Was spielt beim Färben mit Batikfarben eine Rolle? Der Grundsatz, auf dem eine einfallsreiche und «richtige» Färbefolge beruht, lautet:

Die Färbung hängt ab von
der *Stoffart,*
der *Färbedauer,*
der *Konzentration* sowie
der *Temperatur des Farbbades.*

Je höher die Färbetemperatur ist, desto tiefer und voller wird der Farbton, das heißt, daß Sie Ihre Bettwäsche mit Heißwasserfarben bei 100° *färben,* nicht aber *batiken* können! Die Farbtemperatur bei einer Batik darf 50° *niemals* übersteigen, da sonst das verwendete Wachs zu schmelzen beginnt und die Wachsmuster zerstört werden.
Um alle diese Faktoren richtig einschätzen zu können, üben Sie am besten ein bißchen «Färben»! Ich zeige Ihnen, wie man so etwas machen kann: Schneiden Sie sich aus einem Stück Batist, Seide und Nessel oder auch Leinen kleine Stofffetzchen, wie sie hier dargestellt werden. Setzen Sie sich Ihr Farbbad an wie im Kapitel «Färben mit Batikfarben» noch beschrieben wird – und färben Sie, zuerst im nach Gebrauchsanweisung angesetzten Farbbad; in einem konzentrierten Farbbad wird kurz (eine Minute) und in etwas verdünntem Farbbad mittel (5 Minuten) und lang (30 Minuten) gefärbt! Kleben Sie dann jedes Fetzchen auf ein Papier oder in ein Schulheft ein und schreiben Sie die Umstände des Färbevorgangs dazu; so haben Sie für alle Ihre Batikversuche eine dauerhafte Grundlage und ein regelrechtes «Färbelexikon». Nur dadurch lernen Sie erkennen, wie unterschiedlich die Stoffarten Farbe aufnehmen und den Farbton dann wiedergeben. Später, beim «richtigen» Batiken mit Wachs und mehreren Färbegängen werden Sie diese Vorarbeit sehr gut nutzen können. Ähnlich verhält es sich mit den Mischtönen, die ja bei einer Batik schon von der zweiten Färbung an entstehen. Wie bereits gesagt, sind Batikfarben nicht deckend, sondern mischen sich mit jedem neu hinzugekommenen Ton zu einem weiteren Farbton. Sehen Sie sich die Originalfarbtöne auf der Farbkarte auf Seite 16 an und mischen Sie ein paar Grundtöne oder solche, die Ihnen am besten gefallen, mit anderen zu neuen Tönen. Sie werden sehen, das Arsenal an erreichbaren Farbwerten ist geradezu unerschöpflich. Die Muster der Mischtöne geben farblich einige Anhaltspunkte, nachstehend folgen noch einige Farbtöne, die sich gut überfärben lassen und schöne Mischtöne ergeben. Dabei gelten die abgegebenen Farbwerte nur als Faustregeln, da nach dem Grundsatz die Qualität des Stoffes, die Beschaffenheit sowie Dauer des Farbbades ausschlaggebend für eine gelungene Färbung sind.

Färben Sie:

Zwei-Farben-Batik
Zitron – Russischgrün
Violett – Bordo
Hellgrün – Dunkelgrün
Hellblau – Dunkelblau
Hellblau – Dunkelbraun
Rosa – Bordo
Rosa – Violett
Karmoisin – Schwarz
Gelb – Kupfer
Gelb – Dunkelblau
Zitron – Dunkelgrün
Perlgrau – Karmoisin
Orange – Schwarz
Türkis – Schwarz

Färben Sie:

Drei-Farben-Batik
Kornblumenblau – Rubinrot – Schwarz
Rosa – Violett – Schwarz
Zitron – Hellblau – Brillantblau
Gelb – Lachs – Rehbraun
Türkis – Kornblumenblau – Marineblau
Gelb – Kupfer – Brillantrot
Zitron – Hellgrün – Kastanienbraun
Rosa – Rubinrot – Dunkelblau
Rosa – Brillantrot – Bordo
Gelb – Kupfer – Schwarz
Gelb – Brillantrot – Schwarz
Beige – Dunkelbraun – Bordo
Gelb – Kupfer – Dunkelbraun
Hellblau – Dunkelblau – Schwarz
Gelb – Brillantrot – Dunkelblau

Färben Sie:

Vier-Farben-Batik
Zitron – Orange – Karmin – Schwarz
Orange – Scharlach – Rehbraun – Schwarz
Türkis – Brillantrot – Karmoisin – Dunkelblau
Gelb – Orange – Kupfer – Dunkelbraun

Das alles braucht man zum Färben: Einen Behälter aus Emaille oder Plastik für das Farbbad, einen Behälter aus Plastik zum Spülen (bei kleinen Stücken benutzt man die Edelstahlspüle in der Küche), Farbpulver, einen alten Löffel zum Umrühren und Abmessen von Salz oder Essig, Essig zum Färben von Seide oder Salz zum Färben von Baumwolle, Gummihandschuhe.

Scharlach

Für diese Abbildung und die bis auf Seite 21 folgenden Abbildungen wurden einige Färbefolgen und Möglichkeiten, die Färbedauer und Farbbadkonzentration bewußt einzusetzen, herausgegriffen. Für die Färbungen wurde Baumwollband benutzt.

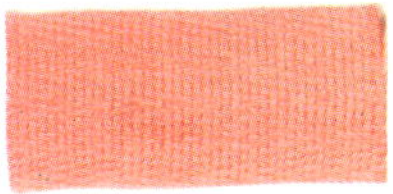

Der Ton Scharlach, in einem stark verdünnten Farbbad ausgefärbt.

Das Farbbad wurde im Ton Scharlach nach Gebrauchsanweisung angesetzt und kurz ausgefärbt, ca. 1 Minute.

Das Farbbad wurde im Ton Scharlach nach Gebrauchsanweisung angesetzt und ca. 20–30 Minuten ausgefärbt.

Rubinrot

Der Ton Rubinrot, in einem stark verdünnten Farbbad ausgefärbt.

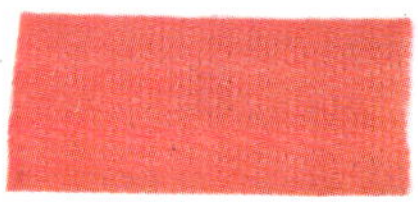

Das Farbbad wurde im Ton Rubinrot nach Gebrauchsanweisung angesetzt und kurz ausgefärbt.

Das Farbbad wurde im Ton Rubinrot nach Gebrauchsanweisung angesetzt und ausgefärbt.

Kornblume

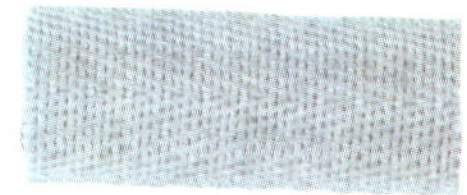

Der Ton Kornblumenblau, in einem stark verdünnten Farbbad ausgefärbt.

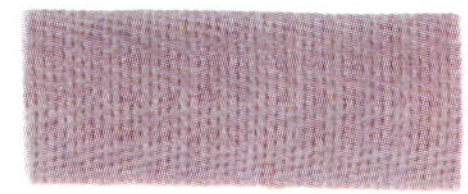

Kornblumenblau, stark verdünnt, wurde mit Karmoisin, stark verdünnt, versetzt und kurz gefärbt.

Kornblumenblau, stark verdünnt, wurde mit Karmoisin – nach Gebrauchsanweisung angesetzt – versetzt und 20–30 Minuten gefärbt.

Karmoisin

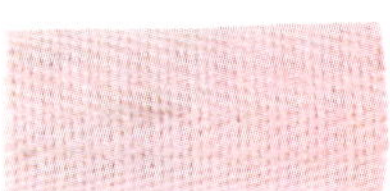

Der Ton Karmoisin, in einem stark verdünnten Farbbad ausgefärbt.

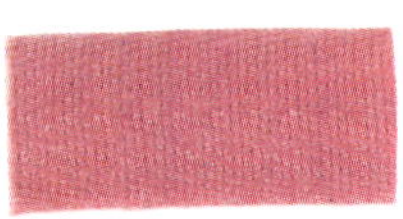

Das Farbbad wurde im Ton Karmoisin nach Gebrauchsanweisung angesetzt und kurz ausgefärbt.

Das Farbbad wurde im Ton Karmoisin nach Gebrauchsanweisung angesetzt und ausgefärbt.

Kornblume

Kornblumenblau wurde nach Gebrauchsanweisung angesetzt und 20–30 Minuten ausgefärbt.

Kornblumenblau und Karmoisin, beide nach Gebrauchsanweisung angesetzt, wurden miteinander versetzt und kurz gefärbt.

Dieselbe Farbbadkombination wurde lang gefärbt (20–30 Minuten).

Hellblau

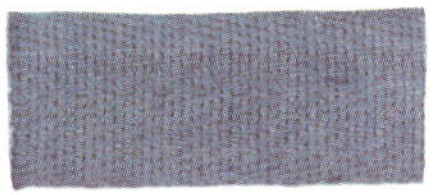

Hellblau wurde nach Gebrauchsanweisung angesetzt und ausgefärbt.

Hellblau und Dunkelgrün, beide nach Gebrauchsanweisung angesetzt, wurden miteinander versetzt und kurz gefärbt.

Hellblau und Karmoisin, beide nach Gebrauchsanweisung angesetzt, wurden miteinander versetzt und kurz gefärbt.

Gelb

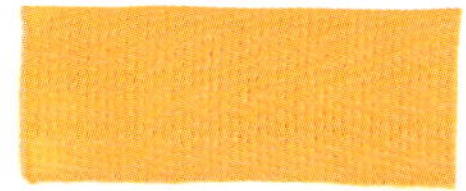

Gelb wurde nach Gebrauchsanweisung angesetzt und ausgefärbt.

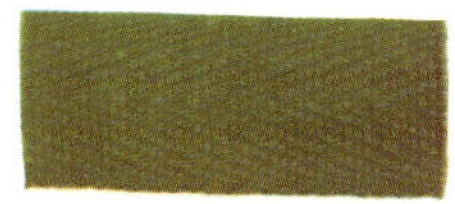

Gelb und Dunkelgrün, beide nach Gebrauchsanweisung angesetzt, wurden miteinander versetzt und kurz gefärbt.

Dieselbe Farbkombination und Karmoisin wurde lang gefärbt.

Gelb

Gelb wurde nach Gebrauchsanweisung angesetzt und ausgefärbt.

Gelb und Rubinrot, nach Gebrauchsanweisung angesetzt, wurden miteinander versetzt und kurz gefärbt.

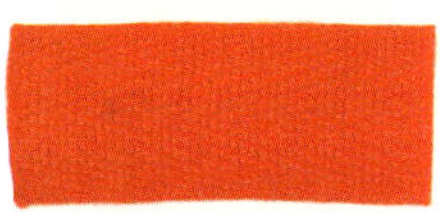

Dieselbe Farbbadkombination wurde lang gefärbt.

Gelb und Schwarz, beide nach Gebrauchsanweisung angesetzt, wurden miteinander versetzt und kurz gefärbt.

Gelb

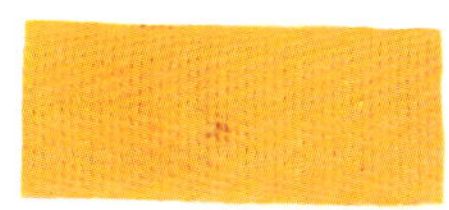

Gelb wurde nach Gebrauchsanweisung angesetzt und ausgefärbt.

Gelb und Dunkelbraun, beide nach Gebrauchsanweisung angesetzt, wurden miteinander versetzt und kurz gefärbt.

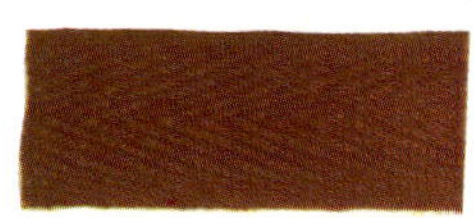

Dieselbe Farbkombination wurde lang gefärbt.

Erstes Probefärben mit Heißwasserfarben

Nach den Erfahrungen mit den Probestreifchen können Sie sich ohne weiteres an Ihre erste echte Färbung wagen, sozusagen das gültige Produkt Ihrer «Lehrzeit». Ein altes Hemd, eine abgelegte Bluse oder auch einfach ein Stückchen Seide, wenn Sie es sich zutrauen, aus dem Sie noch etwas nähen wollen.
Ihren Arbeitsplatz schaffen Sie sich am besten in der Küche oder einfach in dem Zimmer, das Ihnen zum zügigen Arbeiten Platz sowie einen Wasseranschluß bietet, dazu ausreichende Helligkeit, damit sich die Farbtonqualitäten hinreichend feststellen lassen. Wasser muß vorhanden sein, kaltes zum Benetzen vor dem Färben und zum Spülen hinterher, heißes beziehungsweise kochendes zum Ansetzen des Farbbades. Ich empfehle Ihnen, die einzelnen Farbbäder immer auf dem Küchenherd anzusetzen, da Sie dort ja die meiste Routine mit Topf, Schüssel und Hitzequelle haben. Setzen Sie die Menge Wasser an, die notwendig ist, um ein Päckchen Batikfarbe aufzulösen. Ein 10-g-Beutel mit Farbpulver soll insgesamt in 2–3 Litern Wasser aufgelöst werden.

Zu einem fertig gekauften Rock kann man die Bluse aus hauchdünnem Folklorenessel selbst nähen und genau passend einfärben. Ein Farbbad im Ton Rosa wurde nach Gebrauchsanweisung angesetzt und die Bluse 1/2 Minute hineingelegt (Nessel nimmt die Farbe sehr schnell an!) und dann gründlich gespült.

1

Im kochenden Wasser wird das Farbpulver aufgelöst und umgerührt.

2

Beim Färben von Baumwolle wird zum Farbbad das Salz dazugegeben und umgerührt, bis es gelöst ist.

3

Der Stoff wird vor dem Färben angefeuchtet, denn so nimmt er die Farbe besser an.

Wenn Sie weniger benötigen, müssen Sie die Menge Farbpulver abmessen und die entsprechende Menge Wasser ansetzen. Die verbleibende Menge sollten Sie auf dem Beutel notieren. Benötigen Sie den gesamten Inhalt, so können Sie diesen auch in einem Liter kochendem Wasser auflösen und danach ein bis zwei Liter kaltes Wasser zugießen.
Es ist ganz einfach: Wenn das Wasser zu kochen beginnt, öffnen Sie das Farbpulverpäckchen und schütten den Inhalt in das sprudelnde Wasser. Rühren Sie um und geben Sie dann zwei Eßlöffel Salz (billigstes Kochsalz tut es auch!) hinzu. Ist das Färbegut aus tierischer Faser (Wolle, Seide), geben Sie zusätzlich zwei Eßlöffel Essig hinzu.

Nun wird fleißig umgerührt, damit kein Bodensatz entsteht, und je nach Verträglichkeit des Stoffes kann sofort gefärbt werden. Alle Pflanzenfasern (Baumwolle, Leinen) vertragen hohe Temperaturen, tierische Fasern (Seide, Wolle) sollten niemals über 30° heiß gefärbt werden. Wenn Sie dabei an die Hitzeeinstellungen auf dem Bügeleisen denken, so gibt Ihnen das Hinweise, wie verträglich einzelne Gewebearten sind.
Beim Batiken allerdings dürfen jedoch auch Pflanzenfasern nur mit maximal 50° gefärbt werden, da sonst die Wachsmuster zu schmelzen beginnen.
Bevor das Färbegut in das Farbbad getaucht wird, sollte es mit kaltem Wasser benetzt werden. Das bewirkt, daß das Gewebe die Farbe schlagartig annimmt. Zum Eintauchen und Bewegen im Farbbad können Sie alte ausgediente Kochlöffel oder Holzstäbchen benutzen, Sie können natürlich auch zu Gummihandschuhen greifen. Je nach beabsichtigter Farbtiefe lassen Sie den Stoff Farbe aufsaugen, bewegen ihn ständig, damit immer wieder neue Farbflotte (so nennt der Fachmann das Farbbad) an das Gewebe gelangt. Richtiges Färben erfordert eine «unruhige» Hand: Hat man den Stoff zu wenig bewegt, erscheinen Wolken auf dem Stoff, die zeigen, daß an einigen Stellen genügend, an anderen aber zuwenig Farbstoff hingekommen ist. Wenn solche Ergebnisse auch ärgerlich sind, so kann man durch sie doch wenigstens lernen, was man

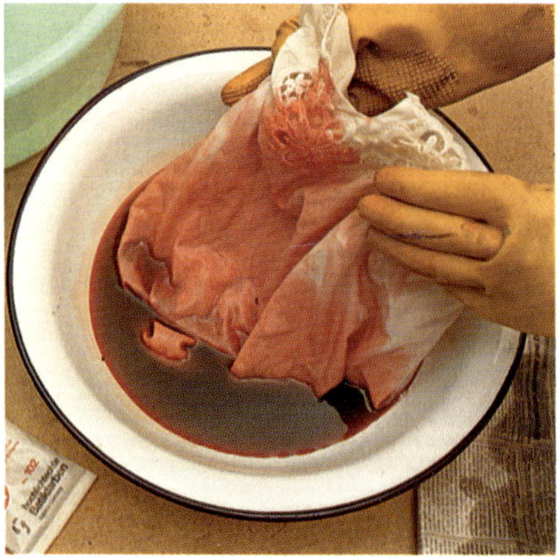

4

Der Stoff wird ins Farbbad eingelegt.

beim nächsten Mal besser machen muß.
Ist die Maximalfärbezeit vorüber (etwa 30 Minuten) oder der Farbton Ihnen satt genug (Vorsicht: Nasser Stoff wirkt dunkler als trockener! Zur Probe gefärbten Stoff gegen das Licht halten, in etwa zeigt sich so der Originalton!), nehmen Sie den Stoff aus dem Farbbad, drücken ihn leicht aus und beginnen ihn zu spülen, entweder in einem ausreichend großen Gefäß oder gleich in der Badewanne, die bei größeren Stücken ohnehin anzuraten ist.
Spülen Sie den Stoff, wechseln Sie das Wasser, spülen Sie ihn noch einmal, so lange, bis das Wasser einigermaßen klar bleibt. Ganz wird Ihnen das nicht so leicht gelingen, erst bei der Wäsche mit einem Feinwaschmittel (bei gefärbter Kochwäsche mit normalem Waschmittel) wird die letzte Überschußfarbe weggespült. Deswegen sollten Sie Ihre gefärbten oder gebatikten Stücke unbedingt die ersten Male stets getrennt waschen, sonst können Sie Überraschungen bei den anderen Textilien erleben, die Sie mitwaschen. Batikfarben sind so gut, daß selbst herausgespülte Überschußfarbe auch in kleinsten Mengen noch andere Wäschestücke beim Waschen einfärbt.
Nach dem Spülen wird der Stoff oder das fertige Stück zum Trocknen aufgehängt, aber nicht in der prallen Sonne und auch nicht in der Nähe einer Heizung!

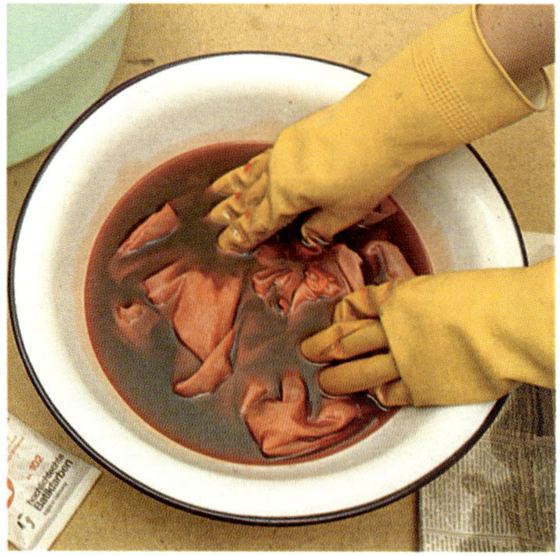

5

Während des Färbens wird der Stoff ab und zu bewegt, damit die Farbe gleichmäßig an alle Teile des Stoffes kommt.

Färben mit Kaltfarben

Der Färbeablauf mit Kaltfarben wird entsprechend durchgeführt, am besten gleich mit dem, was Ihnen zu Hause zur Verfügung steht, etwa Bettwäsche, Leinenhandtücher und -tischdecken, baumwollene Schlafanzüge oder Nachthemden oder auch Frotteetücher – hat man sich an dem einheitlichen und langweiligen Weiß nicht längst sattgesehen? Das läßt sich ändern; möbeln Sie Ihre alten oder auch neuen Sachen auf, indem Sie sie kochecht, waschmaschinenfest sowie hochlichtecht einfärben.
Wenn Sie den jeweiligen Farbton erreichen wollen, wie ihn die Farbkarte einer Kaltfarbe (zum Beispiel DEKA batika®) auf Seite 17 zeigt, reicht der Inhalt eines 10-g-Päckchens und des dazugehörigen Reaktionsmittels (15 g) für etwa 100 bis 200 g Stoffgewicht. Halten Sie sich an die Gebrauchsanweisung, dann kann nichts schiefgehen.
Geben Sie einen Liter heißes Wasser in ein Gefäß, das für Farbbäder bestimmt ist. Lösen Sie darin den Beutel Farbpulver unter ständigem Umrühren auf, so daß kein Bodensatz zurückbleibt. Geben Sie anderthalb Liter kaltes Wasser hinzu. Lösen Sie jetzt vier gehäufte Eßlöffel (etwa 100 g) Kochsalz und einen Beutel Reaktionsmittel auf und rühren Sie gut um. Feuchten Sie den Stoff an – er muß von Appretur befreit sein! – und färben Sie 60 Minuten bei 30–40°. Bewegen Sie den Stoff im Farbbad, damit überall und gleichmäßig Farbe aufgenommen werden kann.
Spülen Sie gut mit kaltem Wasser und einem Schuß Essig, dann mit warmem

Wasser, dem ein wenig Feinwaschmittel beigegeben wurde.
Auch mit Kaltfarben gefärbte Gewebe sollten die ersten Male allein gewaschen werden, da eventuelle Überschußfarbe weggeschwemmt werden muß.
Billiger wird das Färben mit den starkfarbigen Kaltfarben, wenn Sie zarte Pastelltöne lieben, wie etwa bei dem Kissen- und Bettbezug dieser Seite; das Bettlaken hingegen wurde volltonig braun eingefärbt. Mit drei Beuteln Kaltfarbe färben Sie etwa 1 600 g Stoffgewicht – Bezüge und Laken haben etwa dieses Gewicht. Um Pastelltöne zu erreichen, ist aber folgendes zu bedenken: Die Mengen Salz und Reaktionsmittel beziehen sich stets auf die Menge Wasser, die für das Farbbad nötig ist, das heißt, bei der doppelten Menge Wasser muß jeweils die doppelte Menge Salz und Reaktionsmittel genommen werden. Also rechnen Sie sich anhand der Wassermenge die Menge Salz und Reaktionsmittel aus, die Sie brauchen, denn das ist für Ihren Einkauf wichtig! Nur die Farbstoffmenge läßt sich beliebig variieren, je nach Intensität des Farbtons.

Bezug und Kissen wurden in leuchtendem Goldgelb gefärbt (4–5 Beutel DEKA-batika®) und das Laken in Mahagonibraun (2–3 Beutel). Motiv und Initialen wurden, damit sie auch kochecht sind, mit Stoffmalfarbe in passenden Farbtönen aufgemalt.

Die Bluse und der Pullover wurden beide im Ton Brillantrot gefärbt. Beide sind aus Baumwolle. Die Bluse wurde 1/2 Minute lang gefärbt, der Pullover 20 Minuten. Sie sehen an diesen Beispielen, daß man beim Färben genau wissen muß, was man will. Sie sollten also immer Probefärbungen machen, wenn Sie einen bestimmten Farbton erzielen wollen.

Was ist eigentlich Batiken?

Das Färben ist der eine Arbeitsgang, der notwendig ist, damit eine Batik entstehen kann; mit dem anderen, dem Wachsen, gestalten Sie Ihr ungefärbtes oder bereits vorgefärbtes Werkstück zu einem individuellen Batik-Kunstwerk. Batik bedeutet nämlich ja nichts anderes, als einen Stoff, ein Gewebe mit heißem Wachs zu bemalen – ihn zu «reservieren» – und ihn dann einzufärben. Die richtig aufgetragene Wachsschicht durchdringt Vorder- und Rückseite des Stoffes und verhindert, daß Farbe an diese reservierten Stellen gelangt. Nach dem Batiken und dem Spülen und Trocknen wird das Wachs aus dem Stoff gebügelt und dieser in einem Benzinbad gereinigt.

Geräte zum Batiken

Zum Auftragen des flüssigen Wachses auf den Stoff gibt es zweierlei Möglichkeiten, nämlich entweder nimmt man Pinsel oder man benutzt ein Tjanting, ein Batikkännchen. Für Großflächiges, für starke Linien und Muster benutzt man vorzugsweise einen Borstenflachpinsel, mit dem schnell und zügig gearbeitet werden kann. Zum Eingewöhnen und Ausprobieren tut es auch ein Küchen- oder Backpinsel, Hauptsache er hat keine synthetischen Borsten, sondern echte kräftige

Das alles braucht man, wenn man mit einer Wachsbatik beginnen will. Im Vordergrund liegt die Zeichenkohle, mit der man den Entwurf auf den Stoff zeichnet, und links das Batikwachs, das man fertig im Handel kaufen kann. In dem Behälter, einem Wachserhitzer, schmilzt bereits das Wachs, man erkennt es an der goldgelben Farbe. Die Arbeitsgeräte für das Wachsen liegen ebenfalls bereit: Ein Borstenflachpinsel für große Flächen, zwei Haarpinsel für feinere Linien und kleine Flächen, ein Java- und ein Kugelkopftjanting für hauchfeine und für etwas dickere Wachslinien und -punkte. Der Stoff ist bereits mit Stecknadeln auf den Batikrahmen gespannt und einmal gewachst worden.

Schweinsborsten, die allein die Hitze des Wachses – ja meist über 100° – aushalten können. Für kleinere Flächen und zum Ausfüllen von kleinen Motivteilen können Sie einen spitzen Rindshaarpinsel in der Größe 6 oder 8 nehmen. Für größere Arbeiten empfiehlt sich wieder ein Borstenflachpinsel, der etwa 2 cm breit ist.
Behandeln Sie Ihre Pinsel gut und lassen Sie sie nie im heißen Wachs stehen und schon gar nicht in erkaltetem, sie verlieren sonst ihre Form und sind für sorgfältige Arbeiten nicht mehr zu gebrauchen. Achten Sie darauf, daß die Borsten nach dem Benutzen stets gerade und eng geschlossen sind. Benutzen Sie den Pinsel nur zum Batiken, zu anderen Maltechniken ist er nun ungeeignet.

Tjanting

Feine Wachslinien – die eigentliche Zeichnung der Batik – ziehen Sie mit dem Batikkännchen, dem Tjanting. Das Tjanting gibt es in verschiedenen Größen, mit unterschiedlich dicken Ausflußstärken, auch mit mehreren Röhrchen, womit sich mehrere Linien gleichzeitig ziehen lassen.
Üben Sie ein bißchen mit dem Tjanting zu malen, entweder ganz einfach mit heißem Wachs auf Zeitungspapier oder auf einem alten, aber feingewebten Stoff. Sehen Sie zu, daß Sie eine gleichmäßig starke Linie zustandebringen, ohne abzusetzen, auch ohne Tropfen und Verdickungen. Am An-

fang wird es einige «Überraschungen» geben, da mit flüssigem Wachs zu malen doch ganz ungewohnt ist. Sie werden aber bald heraushaben, wie man das Tjanting hält: ein wenig schräg, ohne mit dem Schnäbelchen die Unterlage, den Stoff, zu berühren. Konstant heißes Wachs und eine ruhige Hand garantieren dann sauberen Wachsfluß und einwandfreie Arbeit.

Wachs und Wachsbehälter

Das Mittel zum Malen der Batik ist heißes Wachs – nur, welche Sorte Sie nun verwenden werden, wird Ihre Erfahrung zeigen. Das klassische Batikwachs, im Ursprungsland wie auch sonst, kann selbstredend nur echtes Bienenwachs sein. Es ist aber teuer und für die ersten Versuche sicher zu wertvoll. Obendrein hat es bestimmte Eigenschaften, die bei manchen Batikern beliebt sind, bei anderen aber wenig Zustimmung finden: Bienenwachs ist sehr geschmeidig, und bleibt auch noch geschmeidig, wenn es ganz kalt wird. Sie können also so gut wie keine der sogenannten Batiksprünge – die Craquelüren – erzielen, die charakteristisch für europäische Batiken sind.

Nun gibt es wachsähnliche Substanzen, die wesentlich härter und auch spröder sind, zum Beispiel das Paraffin (oder Ceresin in den Haushaltskerzen), das für die angesprochenen Batikeffekte (das Craquelé) verantwortlich ist. Ob man nun auf reines Bienenwachs (keine Wachsbrüche) oder Paraffin (ausgeprägte Wachsbrüche) schwören mag – gewiefte Batiker mischen beide und stellen sich ihre speziellen Kompositionen zusammen, je nach Zweck und beabsichtigter Batikwirkung. Der Anfänger tut gut daran, sich in der Mitte zu bewegen und im Bastelladen bereits fertig gemischtes Batikwachs zu kaufen. Es erlaubt eine recht hohe Färbetemperatur (bis 50° heiß!), die ja mit ausschlaggebend für Licht- und Waschechtheit einer Färbung ist, und ergibt ein schönes Craquelé. Zum Erhitzen des Wachses braucht man nun einen Behälter und eine Wärmequelle. In einen alten Aluminiumtopf oder einen aus emailliertem Stahl legt man den Wachsblock zum Schmelzen, und Stufe I bei einem Elektro- oder Gasherd genügt für eine ausreichende Temperatur. Damit man beweglich bleibt, kann man sich auch eine regulierbare Elektroplatte nur fürs Batiken kaufen und darauf das Wachs erhitzen. Wer eine Fondue besitzt, kann den Topf auf den Fonduedreifuß stellen und mit dem Spiritusbrenner heizen. Sie können sich aber auch andere Batikerhitzer ausdenken; jeder Batiker hat da seine eigenen Methoden. Ich benutze einen Wachserhitzer nach der Art der Frittiertöpfe mit eingebautem Thermostat, der «malam-batik» heißt. (Siehe auch Abbildung auf Seite 30.) Diese Methode ist die perfekteste und sicherste, das Wachs hat immer die richtige Temperatur, kann nicht brennen und läßt sich nicht einmal aus Versehen umstoßen.

Natürlich lassen sich mit allen Batikerhitzern, ob primitiv oder genial, gute Batiken erarbeiten (die Beispiele in diesem Buch beweisen das auch), wichtig vor allen Dingen ist, daß das Wachs gleichmäßig temperiert ist. Ist es zu kalt, durchdringt es den Stoff nicht genügend und ist nicht imstande, ihn vor der Farbe zu reservieren; ist es zu heiß, so zerfließt eine dünne Linie zu einem See, zerstört Ihre Absicht und womöglich einen empfindlichen Stoff. Machen Sie immer – falls Sie nicht die genaue Temperatur Ihres Batikwachses kennen – eine Probe auf einem Fetzchen Stoff oder an dem Rand Ihres Werkstücks. Pegeln Sie die Stufe Ihrer Wärmequelle auf die Höhe ein, die der Stoff verträgt, und sorgen Sie dafür, daß das Wachs nie zu qualmen anfängt oder gar zu brennen. Es entzündet sich nämlich bei einer bestimmten Temperatur selbst! Aber auch wenn es nicht brennt: Zu heißes Wachs verändert seine Konsistenz, flockt schwarze (verbrannte) Kohleteilchen aus und taugt nicht mehr zum Reservieren.

Zum guten Schluß brauchen Sie noch ein Hilfsmittel, um den Stoff zu spannen, befestigen und bearbeiten zu können – den Batikrahmen.

Batikrahmen

Beim Auftragen des Wachses darf der Stoff nicht aufliegen, das Wachs soll auch auf die Rückseite dringen. Er muß also frei hängen, muß aber gleichzeitig eine hinreichend feste Unterlage bieten, damit Sie sauber mit Wachs darauf «zeichnen» können. Besorgen Sie sich einen Rahmen, auf den Sie verschieden große Stoffstücke spannen können. Wenn Sie sich keinen in der Größe verstellbaren Rahmen leisten wollen, der übrigens nicht teuer ist, richten Sie sich einen festen Pappkarton her (wie auf Seite 44 Mitte) oder eine Schublade, über deren Öffnung der Stoff gespannt werden kann. Ist das alles nicht zur Hand, genügt auch ein einfaches Holzbrett und eine vierkantige Leiste oder ein Lineal. Der Stoff wird auf dem Brett lose mit Stecknadeln befestigt, die Leiste zwischen Stoff und Brett geschoben und immer neben die Stelle plaziert, wo Sie gerade wachsen. Durch die Leiste wird der Stoff gespannt.

Die erste Batik entsteht

Falls Sie noch nicht gebatikt haben und erst durch die Lektüre dieses Buches dazu ermuntert werden, spielen Sie doch einfach einen Batikdurchgang mit durch. Obgleich auf den nachfolgenden Seiten lauter einfache ein- und mehrfarbige Batiken vorgestellt werden, die ohne präzise Vorstellung und demnach auch ohne gezeichneten Entwurf zustandekamen, soll doch vor jedem Batikprojekt zumindest eine Skizze angefertigt werden, auf der Ihre Absichten – Motividee, Färbefolgen – festgehalten werden.
Als Beispiel soll nun ein ganz einfaches ornamentales Motiv erarbeitet werden, das zu nichts anderem dienen soll, als Ihnen das Wesen der Batik, ihre einzelnen Entstehungsphasen und das fertige Endprodukt zu veranschaulichen.

Der Entwurf für eine Batik, auf Papier mit Malstiften gezeichnet. So bekommt man vorher in etwa einen Eindruck, ob die gewählten Farben miteinander harmonieren.

Ob Sie ähnliches oder gänzlich anders Geartetes probieren, im Prinzip läuft das Werden einer Batik stets gleich ab; und das ist auch das Schöne daran: Wenn die Technik beherrscht wird, kann man sich auf Motivsuche begeben und sich voll der Vorlage und dem Entwurf widmen, aus denen eine echte Batik gezaubert werden soll. Zaubern ist sogar das richtige Wort für diesen kreativen Vorgang – das werden Sie selbst merken –, denn niemals werden Sie Ihre vorgezeichnete oder gemalte Idee präzise umsetzen können. Immer wird Ihre Batik ein völlig eigenständiges Kunstwerk werden. Wie Sie ja jetzt wissen, sind es ja nicht nur Ihr Einfallsreichtum und die Geschicklichkeit Ihrer Hand, die eine Batik «machen», sondern es spielen physikalische und chemische Gesetze mit, die in den einzelnen Zutaten begründet sind – Stoff, Farbbad und Wachs. Wie die wirken, führen wir hier vor, und Sie werden es selbst erfahren!

Eine bestimmte Vorstellung – hier also eine ornamental-abstrakte – wird zu Papier gebracht. Damit die Sinne gleich von Anfang an angeregt werden, wird sogleich farbig gearbeitet, selbst bei der Entwurfsskizze. Buntstifte oder ein Schulmalkasten dürften ja wahrscheinlich in jedem Hause vorhanden sein, wenigstens sollten einige Filzstifte benutzt werden, die den geplan-

Erster Wachsgang; es wurden alle Flächen gewachst, die weiß bleiben sollen.

Der erste Wachsgang auf dem noch ungefärbten Stoff hat begonnen. Hier wird gerade mit dem Javatjanting gearbeitet. Alles, was jetzt gewachst wird, bleibt weiß.

Nach der ersten Färbung im Farbton Rosa wird wieder gewachst, diesmal mit dem Flachpinsel. Man wachst jetzt die Stellen, die rosa bleiben sollen.

ten Farben entsprechen, in diesem Falle Rosa und Blau.
Gewöhnlich bleibt es nicht bei diesem einen Entwurf, meist wird weiter verbessert, man braucht auch ein bißchen Zeit, um den richtigen Strich zu finden oder bis der eigene Einfall auch zusagt. Am schnellsten und sichersten kommen Sie zu einer Batikidee, wenn Sie möglichst unbeeinflußt von einer «Bildvorstellung» Ihre Skizze entwickeln. Beginnen Sie einfach, und Sie werden sehen, wie schnell aus der Linien- und Flächenanlage ein konkreter Entwurf sich gestaltet.
Nun stellen Sie sich die Utensilien zum ersten Wachsauftrag zusammen, wie sie zuvor beschrieben wurden. Der Stoff ist auf den Rahmen gespannt, das Wachs wird in seinem Behälter allmählich heiß, Tjanting und Pinsel liegen bereit. Danach überprüfen Sie nochmals Ihre Vorlage, vielleicht gefällt Ihnen nun doch dieses und jenes nicht so recht. Jetzt ist noch Zeit, Verbesserungen und Änderungen anzubringen.
Entweder wird nun der Entwurf neben den Rahmen gelegt, oder – falls der Stoff dünn ist und die Konturen der Skizze ausreichend dick – unter das frei hängende Gewebe – und das erste Wachsen beginnt, entsprechend Ihren Vorstellungen beziehungsweise den Angaben des Entwurfs.

Zweiter Wachsgang. Es wurden alle Flächen gewachst, die rosa bleiben sollen.

Die fertige Batik, alle Flächen, die weiß oder rosa bleiben sollen, sind gewachst. Für die zweite und letzte Färbung wurde Dunkelblau gewählt.

So wird aus einer Batik das Wachs entfernt. Man legt die Batik zwischen einige Lagen wenigstens drei Wochen altes Zeitungspapier und bügelt sie mit sehr heißem Eisen. Das Zeitungspapier wechselt man öfter, da es sich mit Wachs vollsaugt. Wenn sich kein Wachs mehr ausbügeln läßt, ist die Batik in etwa vom Wachs befreit. Man sieht an den dunklen Rändern um das Motiv, wo noch Wachsreste im Stoff sind.

Bei ganz präzisen Arbeiten bediene ich mich einer hilfreichen Vorrichtung: Mein Batikrahmen liegt statt auf einem Tisch auf einer alten Fensterscheibe, die auf zwei Böcken ruht. Unter der Scheibe, also vor mir auf dem Boden, steht eine Tischlampe, deren Licht nach oben gerichtet ist, den Entwurf und den Stoff durchleuchtet und die Zeichnung des Entwurfs wie ein Dia auf das Gewebe projiziert. Diese Konstruktion hat nicht nur den Vorteil, daß der Entwurf paßgenau nachgewachst werden kann, sondern man sieht obendrein, ob das Wachs auch den Stoff an den betreffenden gewünschten Stellen durchdrungen hat.

Jetzt werden die Flächen und Linien des Stoffes mit Tjanting und Pinsel eingewachst, die weiß bleiben sollen.
Dann kann gefärbt werden. Entweder ist das erste Farbbad – hier rosa – bereits fertig angesetzt worden und hat die richtige Temperatur (etwa 40°), oder Sie setzen es jetzt an, entsprechend der Gebrauchsanweisung und Ihrer Stoffmenge. Der Stoff wird in das Farbbad eingetaucht, und während der gewählten Färbedauer (maximal 30 Minuten bei Heißwasserfarben) von Zeit zu Zeit hin und her bewegt, damit an jede Stelle des Stoffes immer wieder frische Farbe gelangen kann.

Das Ergebnis nach dem letzten Farbgang: eine dreifarbige Batik in den Farben Weiß, Rosa und Blau.

Nach dem Färben wird ausreichend gespült, bis das Wasser klar bleibt, und getrocknet. Vermeiden Sie beim Trocknen Ihrer Batik vor allem die Trockenkraft des Sonnenscheins oder der Heizung beziehungsweise des Ofens, das Wachs könnte schmelzen, und Ihre Batik würde zu einer mehr oder weniger fleckigen Färbung werden.
Wenn der Stoff fast trocken ist (bügelfeucht!), spannen Sie ihn wieder auf den Rahmen, so wird er während des endgültigen Trocknens glatter und läßt sich besser wachsen. Wachsen Sie stets erst dann, wenn der Stoff durchgetrocknet ist; nur so vermag das heiße Wachs das Gewebe vollständig zu durchdringen.
Nun nehmen Sie den zweiten Wachsgang in Angriff, wieder entsprechend den Angaben Ihres Entwurfs: Alles was nun Rosa bleiben soll, wird jetzt reserviert; das Weiße bleibt ja durch den ersten Wachsauftrag vor allen folgenden Färbungen geschützt. Je nach der Größe der Fläche, die Sie zu bewältigen haben, benutzen Sie Pinsel oder Tjanting.

Als nächstes wird das Wachs völlig entfernt. Bei Seide und kleinen Arbeiten auf Batist oder dünner Baumwolle ist das kein Problem, man kann es einfach selbst mit Waschbenzin machen. Man gießt Waschbenzin in ein entsprechend großes Gefäß, legt die Batik in das Benzinbad und bewegt sie darin einige Minuten. Dann nimmt man sie heraus und hängt sie – wenn möglich draußen – zum Trocknen auf. Die ganze Arbeit macht man am besten im Freien oder wenigstens bei geöffnetem Fenster; Waschbenzin ist feuergefährlich.

Ist Ihre Arbeit zu Ihrer Zufriedenheit ausgefallen, kann zum zweitenmal gefärbt werden, jetzt in einem blauen Farbbad. Vergessen Sie aber nicht, vorher auf der Rückseite zu prüfen, ob die Faser überall ausreichend reserviert wurde. Jetzt sind solche Fehlstellen noch auszubessern.

Bei eindeutigen klaren Farbtönen wissen Sie jetzt schon, welchen Farbton Sie jetzt erreichen, es müßte ein dunkles Blau mit einem Rotstich sein, denn ein Rosa kann ein Blau nicht zu einem Violett umtönen, wie es ein starkes Rot vermag.

Sie färben, spülen und trocknen den Stoff wie beim ersten Durchgang und haben als Ergebnis eine dreifarbige Batik: Grundfarbe Weiß, Rosa und Blau.

Nun muß nur noch das Wachs entfernt werden. Wurde es recht dick aufgetragen, kann man es mit einem Messerrücken abschaben, um einiges davon wieder verwerten zu können. Der im Gewebe haftende Rest muß aber auf andere Weise «herausgelockt» werden: Durch die Hitze des Bügeleisens. Das Wachs schmilzt ja wieder, wenn es genügend heiß wird, und wenn man es in diesem Zustand aufsaugt, wird der Stoff wieder geschmeidig. Legen Sie auf Ihren Tisch oder auf ein Bügelbrett einige Lagen alten Zeitungspapiers, darauf den trockenen Stoff und obenauf wiederum eine alte Zeitung. Nun stellen Sie das Bügeleisen auf «Baumwolle» (selbst bei Seide geht das, weil ja Papier zwischen Eisen und Stoff liegt) und schmelzen das Wachs aus dem Stoff. Zuerst werden Sie häufig das Papier wechseln müssen, beim dritten oder vierten Mal wird nur noch wenig Wachs von der Zeitung aufgesogen werden müssen.

Nun können Sie Ihre Batik bewundern, werden dabei aber feststellen, daß um das Gebatikte eine Art «Aura» zu bemerken ist, die den Stoff dunkler erscheinen läßt. Das ist eine Spur Wachs, die selbst mit einem heißen Bügeleisen nicht herauszubringen ist. Das Restchen Wachs kriegen Sie aber ganz einfach heraus, wenn Sie sich in der Drogerie oder in einem Farbengeschäft Waschbenzin besorgen und den Stoff in einer Schüssel mit Waschbenzin leicht ausdrücken. Haben Sie eine größere Batik, ist es besser, sie chemisch reinigen zu lassen.

Wenn Sie die Batik nach dem Benzinbad bügeln, wird sie nicht ganz glatt werden, sondern hin und wieder kleine Knitter zeigen. Mit einem Trick bekommen Sie eine völlig glatte Batik: Nach dem Bügeln und Reinigen waschen Sie die Batik in lauwarmer Lauge mit einem Feinwaschmittel kurz und vorsichtig durch und bügeln sie dann; so wird sie wunderbar glatt.

Die ersten Versuche

Ein Batikablauf wurde hier anhand eines gegenständlichen Motivs – eine abstrahierte Blüte – demonstriert. Sie hat Modellcharakter und ist ebenso für die einfachste wie aufwendigste Batik gültig. Eine Batik wird ja komplizierter mit zunehmenden Färbefolgen und Wachsgängen, abgesehen vom Schwierigkeitsgrad des Motivs, das bestimmte berechenbare Wachslinien und -flächen sowie eindeutige Farbqualitäten verlangt; diese sind um so schwerer zu bestimmen, je mehr Farbtöne übereinandergefärbt werden. Zunächst aber beginnen Sie mit ganz einfachen Batiken, entweder mit einem oder mit zwei Farbbädern.

Zwei Batikschals in einfacher Technik. Bei der oberen Arbeit wurden Punkte und Striche willkürlich mit dem Pinsel gezogen und in zwei Blautönen gefärbt. Ergänzend wurden am Schluß Punkte mit Stoffmalfarbe in Dunkelblau daraufgesetzt. Auf das untere Tuch wurde eine Tropfbatik gemalt. Mit dem Kugelkopftjanting wurden Punkte gesetzt und der Stoff in drei Gängen Gelb, Brillantrot und Modebraun gefärbt.

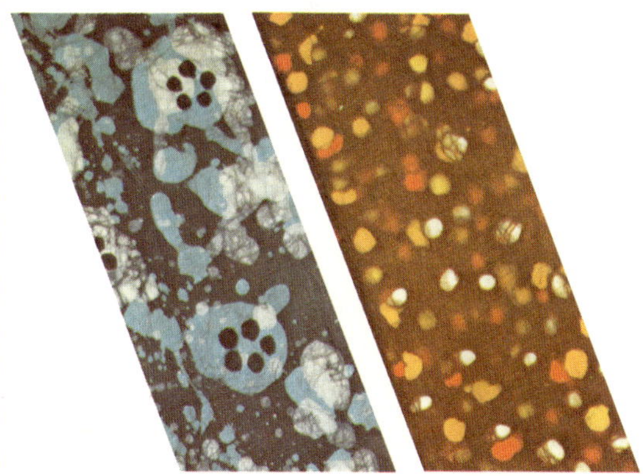

Jede noch so einfache Batik kommt zur Geltung, wenn sie für einen Lampenschirm benutzt wird. Für einen großen Schirm sollte man mit großen Pinseln und großzügiger Flächeneinteilung arbeiten.

Detail aus einer Tropfbatik mit Tjanting und großem Haarpinsel. Den Pinsel nimmt man übervoll mit Wachs und läßt das Wachs einfach auf beliebige Stellen im Stoff tropfen. Diese Technik ist besonders für Anfänger geeignet, denn so lernt man Tjanting und Pinsel und natürlich auch die Wirkung des heißen Wachses kennen. Reizvolle Variationen ergeben sich durch mehrfaches Überfärben: Hier wurde der Stoff vor dem Tropfen von einer Seite in ein rosa und von der anderen in ein hellgrünes Farbbad getaucht.

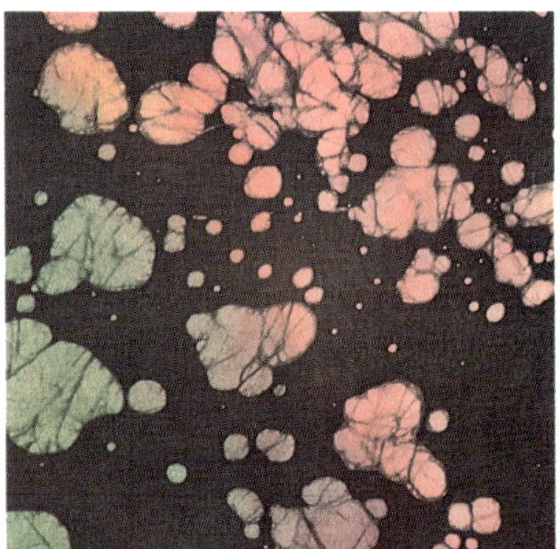

Nun wollen Sie aber auch endlich mal etwas Eigenes batiken, nachdem Sie so viel Grundsätzliches erfahren mußten. Bietet sich nicht einfach an, auszuprobieren, wie eine Tjantinglinie oder eine mit dem Pinsel gewachste Fläche gemacht wird, und wie diese wirkt, wenn der Stoff gefärbt ist? Fangen Sie also einfach an: Denken Sie sich nichts Konkretes aus oder versuchen Sie erst gar nicht, irgendetwas zu kopieren; suchen Sie auch nicht krampfhaft nach einer Idee, sondern finden Sie Ihre erste Batikvorlage etwa so:

Hier wurde lediglich die Wirkung des gebrochenen Wachses als Thema genutzt: Außer dem Rand wurde die Fläche eines Seidentuches völlig zugewachst, dann das Wachs in kaltem Wasser «abgeschreckt» (so bricht es besser), der Stoff geknittert und dann in ein brillantrotes Farbbad gegeben. Danach wurde der Wachs- und Knittervorgang wiederholt, der rote Rand mit Wachs abgedeckt und der Stoff in ein Bordo-Farbbad gelegt. Das Krakelieren kann man auch bewußt steuern, bitte vergleichen Sie mit Abbildung auf Seite 53 rechts.

Krawatten mit ganz einfachen Tjantingmalereien und Pinselstrichen sind ein dankbares Thema für den Anfänger, der sich auf kleiner Fläche individuell «austoben» darf.

Eine fertig gekaufte weiße Baumwollbluse wurde lachsfarben gefärbt. Auf die Bluse sind einfache Pflanzenmotive gestickt. Die Motive wurden vor dem Färben mit dem Tjanting umfahren und hie und da durch ein zusätzliches Blatt und einige Punkte ergänzt. Nach dem Färben erscheinen die Tjantinglinien weiß.

Das Kleid war aus weißer Baumwolle und wurde brillantblau gefärbt. Auch hier wurden ins Oberteil gestickte Motive nachgezeichnet und auf dem noch nicht gefärbten Stoff mit Wachs reserviert. Mit diesem Beispiel gehen wir noch einen Schritt weiter als bei der Abbildung links: Auf dem Rock erscheint das Stickmotiv vergrößert noch einmal, aber in freier Tjantingmalerei. Wenn Sie genau Anordnung und Muster des Stickmotivs wiederholen möchten, zeichnen Sie es auf Transparentpapier durch und vergrößern es, wie Sie es brauchen. So kann man das Dutzendkleidchen mit etwas Geschick und ein bißchen Farbe zum Modell gestalten.

Nehmen Sie sich ein Stück Papier und machen mit dem Bleistift irgendwelche Linien, Punkte, Verbindungen. Sie werden sehen, wie schnell daraus etwas wird, das ohne weiteres in eine wirkungsvolle Batik umgesetzt werden kann. Denken Sie dabei immer an das Wesentliche der Batik, die aus zusammengesetzten Farbflächen besteht.
Wenn Sie lieber ohne Entwurf beginnen wollen, entdecken Sie, wie eigenwillig der Fluß des Wachses sich ausnimmt. Vergleichen Sie die Bilder (zum Beispiel Seite 34, 35), die ausnahmslos Batiken darstellen, denen eigentlich gar keine Idee zugrunde lag, sondern die «einfach so» zustande kamen, ob das die Vielzahl von Wachstropfen sind, oder krakelige Linien und Striche, gleichmäßig gewachste Flächen oder ornamentale Linien. Gestalten

Hier wurden Ideen aus der Geometrie geholt: Verschieden große Dreiecke in drei Färbungen. Bestimmend für die Wirkung ist das starke Krakelee, das den Braun-Weiß-Kontrast entstehen ließ.

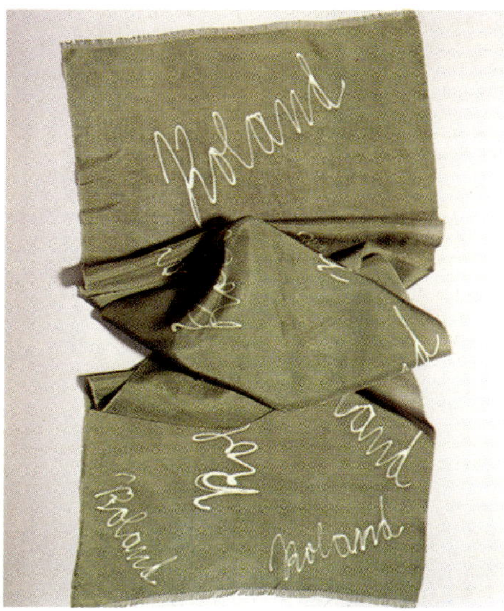

Eine hübsche Idee für einen sehr persönlich gestalteten Schal: Malen Sie mit einem feinen Tjanting den Namen des Beschenkten auf den Stoff und färben Sie ihn einmal. So können Sie auch Geschenkkärtchen aus Japanpapier anfertigen.

Kissen und Kissenbezug, sind eines der Leib- und Magenthemen des Batikers. Hier wurde eine einfache Blütenform wirkungsvoll eingesetzt. Material: grobes Leinen.

Sie aus kleinen Formen große (setzen Sie zum Beispiel Kreis über Kreis), führen Sie das Tjanting mit ruhiger Hand, wie es Ihnen einfällt, setzen Sie Flächen, sparen Sie Ecken aus, lassen Sie ein vielgestaltiges Feld auf Ihrem Stoff wachsen. Färben Sie dann und setzen Sie nun Schwerpunkte bei der zweiten Wachsung: Sie werden sehen, wie man mit sparsamen Mitteln eindrucksvollen Batikcharakter hervorzaubern kann. Wenn Sie so – völlig frei – einige Probebatiken geschaffen haben – die vielleicht sogar schon zu Dekorationszwecken verwendet werden können, gehen Sie einen Schritt weiter und versuchen Sie, das Tjanting «zu beherrschen», es also so einzusetzen, daß es nichts anderes mit Wachs reserviert als das, was Sie auch vorschreiben, damit der Effekt entsteht, den Sie erzielen wollen. So wie Sie mit dem Bleistift beim Zeichnen oder mit dem Pinsel beim Malen vorgehen, so steuern Sie mit dem Tjanting beim Batiken. Dabei dürfen Sie keinesfalls mit dem Ausflußschnäbelchen das Gewebe berühren, lassen Sie das Tjanting knapp darüberhin schweben, damit das Wachs stetig fließen kann. Sonst passiert es Ihnen, daß Sie sich einhaken, der Strich ungleichmäßig und verwackelt wird oder gar ein häßlicher Wachsklecks entsteht, der ja nicht mehr zu entfernen ist.

Am Anfang wird es natürlich trotzdem passieren, und bei einfachen Tropf- und Strichelbatiken kommt es auf einen Fehler mehr oder weniger nicht an. Wenn man aber schon ein konkretes Motiv entwickeln will, muß man sich bemühen, Tropfen zu vermeiden. Ein Papiertaschentuch oder ein kleines Läppchen sind dabei sehr hilfreich. Wenn Sie mit der rechten Hand das Tjanting über die Stofffläche gleiten lassen, halten Sie in Ihrer linken stets ein Läppchen parat. Damit wischen Sie nach dem Eintauchen des Tjantings in den Wachsbehälter die Unterseite des Tjantingkörpers ab und halten es sofort unter den Tjantingschnabel, wenn Sie das Tjanting vom Stoff wegheben, eine Linie beendet oder der Wachsfluß zu Ende ist. Unvorhergesehenes geschieht dann zwar immer noch (auch ein Reiz beim Batiken!), hält sich aber doch in Grenzen. Wenn Sie eine Menge solcher einfacher Batiken fertiggestellt haben, sind Sie technisch sicherlich so weit, so routiniert, daß Sie auch «richtige gegenständliche» Batiken angehen können. Widmen Sie sich dann erst mehr dem Entwurf, zeichnen Sie Ihre Einfälle durch, vermerken Sie die Färbefolgen, die Anzahl der Farbbäder und beabsichtigten beziehungsweise erreichten Farbtöne. Sie werden sehen, wieviel Spaß es bereitet, das erworbene Können den Unwägbarkeiten und Unberechenbarkeiten der Batik entgegenzustellen.

Ein «Farbenrausch in Batik»: Einfache Pinselschwünge in vielerlei Farbkombinationen – aber auch das will geübt sein!

Aus der Pflanzenwelt abgeguckte Formen von Blättern und Blüten.

Federartig wirken die Pinselschwünge dieser Batik und geben ihr das zarte Aussehen. Bild links.

Kreisformen und Mäander machen sich gut auf Schals und Tüchern.

Strahlenförmig angelegte Batik auf einem quadratischen Tuch. Setzen Sie den Mittelpunkt des Strahlenkranzes nicht zentral, sondern etwas von der Mitte verschoben an. Material: Batikseide.

Ein originelles Hüfttuch aus Baumwollbatist für den Strand. Es macht nichts, wenn Sie die Querstreifen nicht schnurgerade hinkriegen, aber denken Sie daran, gut – am besten auf Vorder- und Rückseite des Stoffes – zu wachsen, damit die verschiedenen Färbungen klar getrennt erscheinen.

Ein leichtes Sommerkleid aus indischer Baumwolle in Brillantrot und Bordo gefärbt. Die Ranken um den Saum sind verschieden hoch – eine aparte Idee, einen glockig fallenden Rock mit Batik zu gestalten.

Wenn Sie ein ganzes Kleid batiken möchten, müssen Sie es auch selbst nähen, denn es wäre zu schwierig, zum Beispiel fertig genähte enge Ärmel hohl auf einen Rahmen zu spannen, damit sie gewachst werden können. Wenn Sie den ganzen Stoff mit einem Muster überziehen wollen, können Sie ihn vor dem Zuschneiden batiken. Wenn einzelne Motive an bestimmten Stellen sitzen sollen, sollten Sie die Teile zuschneiden, die Nähte markieren, und dann den Stoff batiken.
Natürlich können Sie jederzeit weite Röcke oder Oberteile von Kleidern wie auf Seite 36 rechts auch an fertig genähten Stücken batiken.

Ein Löwenzahn wird gebatikt
Es ist Frühlingszeit, wir sitzen im Sonnenschein im Garten und wollen etwas batiken (man sieht, auch das geht). Nur was? Probieren wir doch einfach mal, das zu batiken, was uns umgibt, wartet nicht die Unzahl von «Löwenzähnen» darauf, abgebildet zu werden? An sich ist das eine Blume, die selten die Ehre hat, in die Kunst aufgenommen zu werden, wir wollen sehen, was sich daraus machen läßt.

Batik ist nun die Kunstrichtung, die am wenigsten geeignet ist, etwas einfach zu kopieren oder abzukonterfeien. Bei einer Batik muß man ja die Gegebenheiten des Stoffes, der Überfärbungen und die Wirkung der gewachsten Fläche schon in den Entwurf einbeziehen und als Gesetzmäßigkeiten betrachten. Das verlangt vom Batiker abstraktes Denken beim Umsetzen einer Vorlage. Für ihn ist das Gesehene, eine beliebige Vorlage, eben nur eine

Der Entwurf, ein Löwenzahn, wird auf Papier mit Filzstift angelegt. 1

2

Eintauchen in das erste Farbbad Zitron; wir verzichten also auf Weiß als Grundfarbe.

3

Nach der Färbung wird gründlich in kaltem Wasser gespült.

4

Auf einem improvisierten Batikrahmen, einer Schachtel, ist der gespülte, getrocknete Stoff festgesteckt. Mit dem Kugelkopftjanting wird das Wachsen begonnen. Halten Sie immer das Läppchen bereit, mit dem Sie das Wachs auffangen, wenn Sie eine kleine «künstlerische Pause» einlegen wollen.

5

Bekommen Sie nicht Lust, mitzumachen? Eben werden gespülte Batiken zum Trocknen aufgehängt.

Vorlage, aus der etwas gemacht werden kann; er wird sich nicht bemühen, dem Original möglichst nahezukommen.
Bei der Entwicklung des Löwenzahns sieht man das ganz deutlich: Selbst wenn man sich eng an die Natur hält, das eigenwillige Wachs und die Färbefolgen nur mit Gelb, hellerem und dunklerem Grün überspielen den gezeichneten Vorentwurf und bilden etwas ab, das völlig unabhängig vom zeichnerischen Talent des Batikers entsteht. Sie sehen daran, daß man beileibe nicht zeichnen oder malen können muß, um gute Batiken herzustellen. Sie brauchen vor allem eine ruhige Hand und einen ausgeprägten Sinn für verschiedenfarbige Flächen. Das allein zeichnet eine gute Batik aus, ich sagte es schon – und

6

Die zweite Färbung im Farbton Dunkelgrün. Es wurde nur kurz gefärbt, um einen helleren Grünton für Blätter und Stiele zu erhalten (siehe Abbildung auf Seite 46 rechts). Die Färbung erscheint allerdings zunächst etwas dunkler, da der Stoff noch naß ist.

7

Die Stiele werden mit dem Kugelkopftjanting gezogen.

8

Die Flächen, die heller grün erscheinen sollen, werden mit dem Pinsel abgedeckt.

nur dem sollte man sich ausdauernd widmen.
Wenn Sie einen Motiventwurf planen, denken Sie stets daran, wie er in verschiedene Flächen und andersfarbige Linien aufgeteilt werden kann. Die Staffelung der Farbtöne, verbunden und/oder getrennt durch Wachslinien und -flächen, machen den Charakter der Batik aus. Gerade wenn Sie mit organischen Formen arbeiten – angefangen von diesem einfachen Löwenzahn bis hin zu komplizierten Blatt- und Blütenformen – werden Sie mit diesem Grundgesetz der Batik arbeiten müssen. Das ist es, was Sie direkt beeinflussen können, alles weitere wird durch die Gewebeart, die Auswahl der Farben sowie der Färbefolgen gestaltet.

9

Nach der dritten, dunkelgrünen, Färbung und nach dem Spülen und Trocknen wird die fertige Batik ausgebügelt.

Die fertige «Löwenzahn»-Batik.

Fragen, die immer wieder auftauchen

Bevor nun die Kiste der Motive geöffnet wird, mit denen Ihre Phantasie neue Wege beschreiten mag, um einfache, einfarbige, vielfarbige und einfallsreiche Batiken auszudenken, wollen noch einige Dinge besprochen und festgehalten werden, die immer wieder zu Fragen Anlaß geben und sich zuweilen zu Problemen auswachsen können – obgleich sie gar keine sind, wenn man weiß, wie man sie lösen kann, getreu dem Motto «Gewußt wie, erspart Ärger und Verdruß».

Das Farbbad

Das Farbbad der Heißwasserfarbe kann man, auch wenn es schon benutzt wurde, aufheben und wieder benutzen. Man muß jedoch miteinbeziehen, daß diesem Farbbad mit jeder neuen Färbung Farbstoff entzogen wird und, daß jede neue Färbung schwächer ausfallen wird als die vorhergehende. Wer also ein sicheres Färbeergebnis braucht, setzt sein Farbbad am besten neu an.
Beim Aufbewahren bilden sich manchmal am Boden des Gefäßes Farbrückstände. Wenn Sie ein Farbbad nochmals verwenden, filtern Sie es am besten durch ein feinmaschiges Gewebe, zum Beispiel einen Perlonstrumpf oder einen feinen Batist.

Die Färbung

Auf manchen Baumwollsorten können Färbungen blaustichig werden. Das passiert aber nur, wenn man beim Zugeben von Salz nicht aufpaßt und das Farbbad übersalzt, also wesentlich mehr Salz zugibt als notwendig (zum Beispiel dreimal soviel). Geben Sie acht beim Schwarzfärben: Für einen richtigen tiefschwarzen Ton ist ein konzentriertes Farbbad und lange Färbedauer erforderlich. Lösen Sie einen Beutel Schwarz und zwei Eßlöffel Salz in einem Liter kochendem Wasser und färben Sie eine Stunde lang.
Die Ursache für fleckige Färbungen kann im Stoff, im Färbevorgang oder im Auflösen des Farbpulvers liegen. Ist es der Stoff, so waren schon vor dem Färben (unsichtbare) Flecken im Stoff, die sich nach dem Färben erst als dunklere Stellen zeigen. Ist es der Färbevorgang, dann wurde der Stoff im Farbbad nicht genügend bewegt, also der Farbstoff nicht gleichmäßig verteilt, und das gibt dann Flecken. Wenn der Farbstoff nicht richtig gelöst wurde, verursachen Farbklümpchen Flecken im Stoff. Geben Sie also immer das Farbpulver ins *kochende* Wasser!

Wachssorten und Wachsauftrag

Es gibt viele Wachssorten, und sie haben die unterschiedlichsten Eigenschaften. Grundsätzlich ist Bienenwachs das geschmeidigste Wachs und ergibt am wenigsten Craquelé. Je mehr Färbefolgen Sie also haben, desto höher sollte der Anteil an Bienenwachs in dem Wachs sein, das Sie verwenden. So haben Sie die Gewißheit, daß zuviel Craquelé nicht Ihre letzte Färbung zerstört. Je höher der Paraffinanteil im Wachs ist, desto stärkeres Craquelé erhalten Sie. Färben Sie nur zwei-, maximal dreimal, und lieben Sie Craquelé, dann kaufen Sie eine der handelsüblichen Wachsarten bei Ihrem Farbenhändler (wir haben zum Beispiel mit DEKA-Batikwachs gearbeitet).
Craquelébildung wird verhindert, indem man das Wachs möglichst dünn und möglichst heiß in einem Zug aufträgt. Craquelé erhält man, wenn man das gefärbte und gewachste Stück in kaltem Wasser abgeschreckt und in die Falten legt, die man haben möchte.

Motive

Das Wesentliche der Batiktechnik wissen Sie nun, das reine Färben wurde einmal durchgespielt, das Wachsen und das mehrfache Färben, also das echte Batiken zum einen an einem abstrakten Motiv – der Blütenrosette – zum andern an einer echten Pflanze, dem Löwenzahn.
Nun können Sie sich ganz dem Motiv widmen, aus dem Sie gerne eine Batik gestalten möchten; im folgenden wird eine ganze Palette von einfachen – ein- und mehrfarbigen – Modellen zum Ansehen, Nachprüfen und Nachbatiken vorgestellt. Ihnen allen lag ein gezeichneter Entwurf zugrunde, die Farbfolge und die Anzahl der Farbbäder wurde vorher bestimmt. Versuchen Sie einmal, nach ihnen zu arbeiten oder sie abzuändern, vielleicht regt die eine oder andere Batik Ihre Kreativität an. Die Bildunterschriften geben dazu noch einige Hilfen.

Stilisierte Blüten und Ornamente in Weiß mit klarem Craquelé – eine effektvolle Einfarbenbatik.

Eine kühne Kombination: Weiß und Schwarz, gemildert durch winzige Einsprengsel von Rosa. Bemerkenswert ist das klare Weiß der Blüte trotz der langen Färbezeit (1 Stunde), die man benötigt, um ein schönes tiefes Schwarz zu bekommen. Also wachsen Sie besonders gründlich, wenn Sie Schwarz färben wollen.

Schon etwas für Experten: Eine relativ große Fläche gut deckend zu wachsen erfordert Übung. Probieren Sie vorher auf einem Fleckchen desselben Stoffes, wie heiß das Wachs sein muß, damit es Vorder- und Rückseite deckt.

Auch das kann gebatikt werden, wenn man es selbst herstellt: Ein Bucheinband.

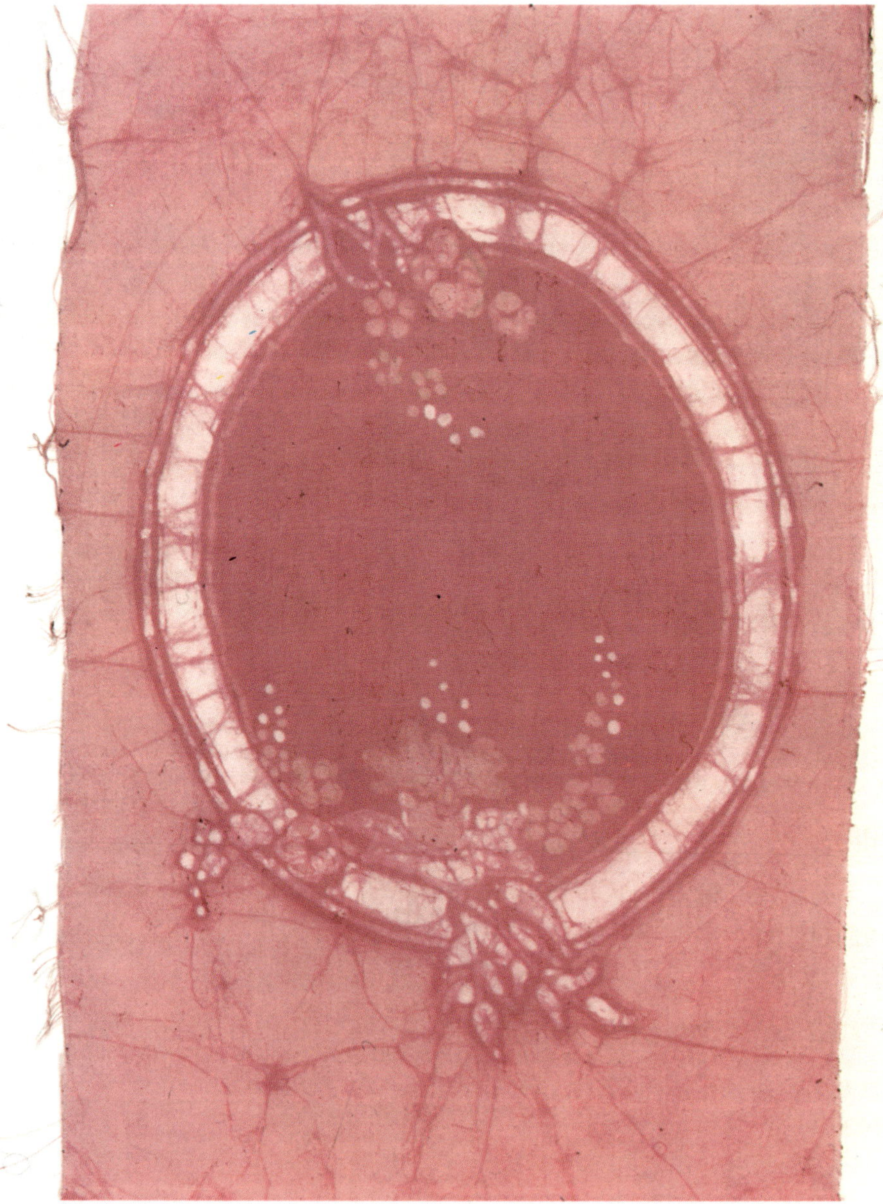

Viermal variiert: Das Thema Kreis und Blüten. Der Kreis bildet einen guten Rahmen, wenn man beim Flächeneinteilen noch Schwierigkeiten hat.

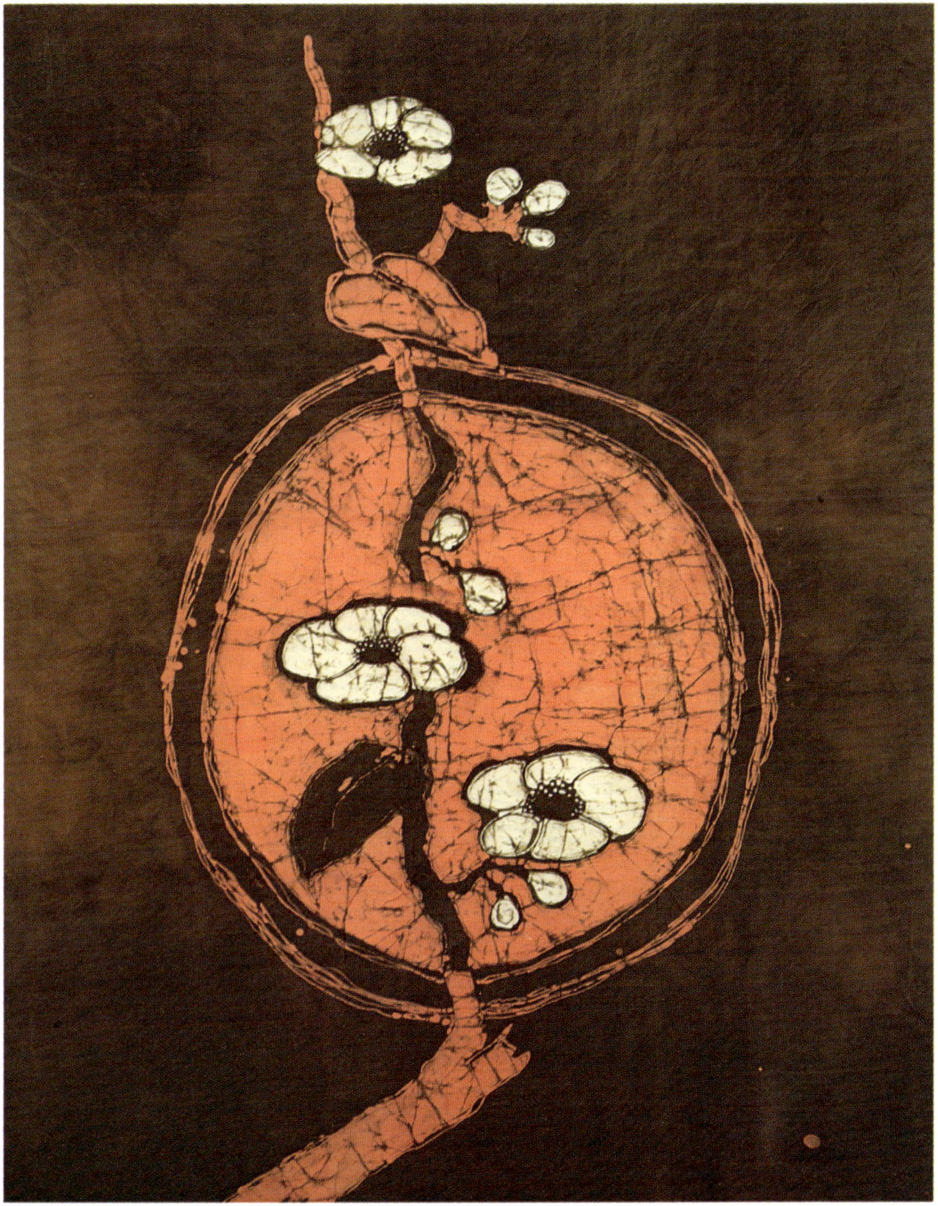

Vergleichen Sie mit der Abbildung auf Seite 48. Die recht ähnlichen Blütenformen wirken durch die Wahl der Farben ganz anders.

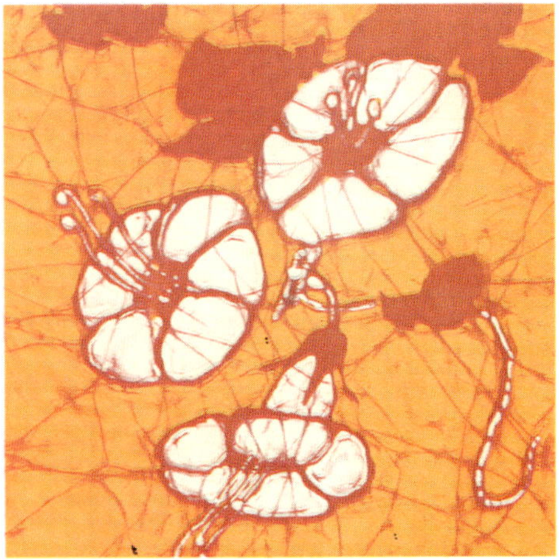

Weiße Wicken, kombiniert mit Orange und Brillantrot.

Stark stilisierte Kalla-Formen, in einzelne Flächen aufgelöst.

Dieses Motiv gab's schon einmal in der Abbildung auf Seite 52 links unten, nur mit anderer Farbkombination.

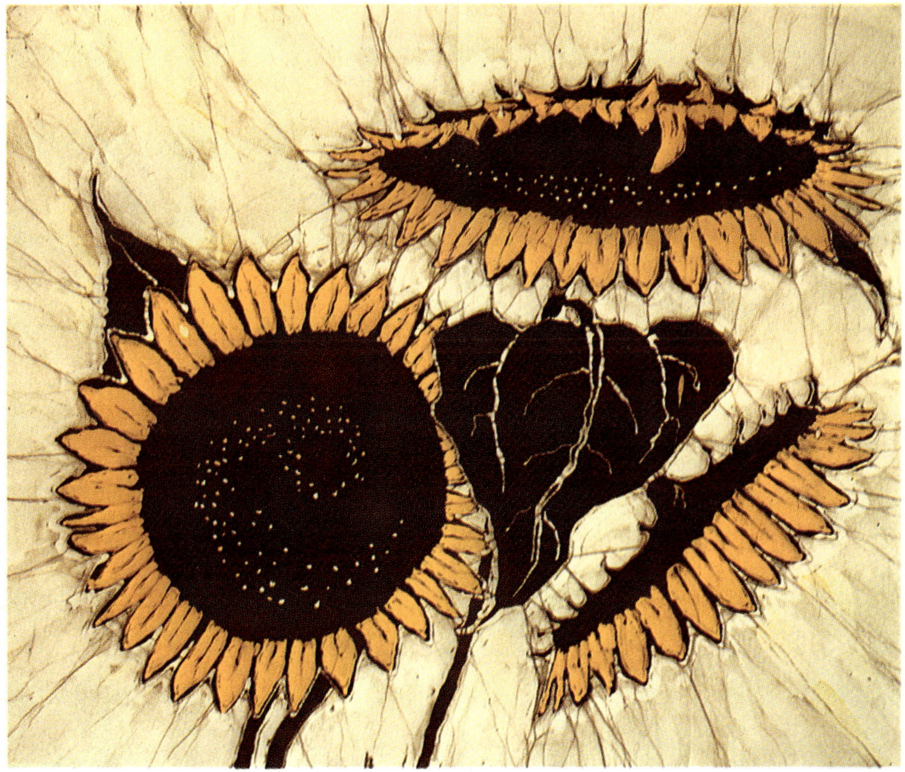

Positiv-Negativ-Batik auf einem Dreieck. Auch dies ist ein Hilfsmittel zur Flächengliederung: Gestalten aus geometrischen Formen heraus.

Strahlenförmig von den Sonnenblumen ausgehendes Craquelé ist das spezielle Merkmal dieser Batik. Dazu zieht man die Linien beim Wachsen mit dem Pinsel bereits in Richtung dieser Strahlenform. Vor der letzten Färbung legt man den gewachsten Stoff ganz bewußt in die Falten, die man als Craquelé erzielen möchte.

Ein Pfau – gebatikt für einen Lampenschirm, passend zum auf Glas gemalten Pfau auf dem Lampenfuß. Material: Batikseide.

Pflanzliche Formen in einem Farbton, Dunkelgrün, aber einmal mit kurzer und einmal mit langer Färbezeit gefärbt.

Rechte Seite:
Eine weihnachtliche Tischdecke mit Kerzenmotiven und ganz einfach Plätzchenformen, die als Stempel benutzt und in das heiße Wachs getaucht werden.

Kleine Karten mit Batiken auf Batist und Seidenbatist – anspruchsvolle Aufmerksamkeiten für gute Freunde.

Zwei Wandbilder mit Blumensträußen als Motiv.

Mehrfachfärben

Sicherlich wird Ihnen beim vielfachen Übereinanderfärben aufgefallen sein, daß die entstehenden neuen Farbtöne immer unberechenbarer, dazu dumpfer, stumpfer, insgesamt grauer werden. Das ist nun ein Umstand, der nicht zu umgehen ist, wenn man die Batik im Farbbad einfärbt. Nun gibt es auch hier Mittel und Wege, leuchtende vielfarbige Batiken herzustellen – entweder, indem man auf bestimmte Färbefolgen im Farbbad verzichtet und mit dem Pinsel einfärbt oder indem man in einer Phase der Entwicklung der Batik entfärbt.

Gewisse Farbtöne lassen sich ja beim Färben nicht erzielen, wenn vorher schon Farbtöne gefärbt wurden, die mit diesen neuen womöglich unerwünschte Töne ergeben. Deshalb legen Sie vor jedem Batiken die Färbefolge fest, dann wissen Sie gleich, ob Sie alle Farbtöne im Farbbad einfärben oder ob Sie Färbefolgen umgehen müssen.

Ein Beispiel: Sie wollen eine Batik erarbeiten, die zuerst gelb gefärbt werden soll, dann rot. Ein leuchtendes Blau wollen Sie aber auch darin haben, ebenso ein schönes Grün. Alle diese Töne nacheinander im Farbbad einzufärben ist nicht möglich, da nach Gelb und Rot das Blau selber nicht mehr zum Vorschein käme, sondern ein Violett, und das Grün das Ganze zu einem Braunton umfärben würde. Sie zäumen also das Pferd von hinten auf und färben die Partien, die ein reines Blau und Grün zeigen sollen, mit dem Pinsel ein. Dazu werden die Batikfarben etwas konzentrierter angesetzt und heiß mit dem Pinsel aufgemalt. Die Stoffflächen, die auf diese Weise eingefärbt werden, müssen gut von Wachslinien oder -flächen umschlossen sein, damit die flüssige Textilfarbe nicht unter dem Wachs durchkriecht. Pinseln Sie den Stoff einige Male gut ein, tränken Sie ihn mit Farbe und lassen Sie ihn dann gut trocknen, ohne ihn zu spülen. Danach decken Sie die mit dem Pinsel eingefärbten Stellen mit Wachs ab und beginnen mit Ihrem normalen Färbegang, zuerst mit Gelb und dann mit Rot. Solcherart hergestellte Batiken sollten allerdings niemals gewaschen (da sie dann auslaufen), sondern stets chemisch gereinigt werden. Überprüfen sie einmal genau die Batiken auf den Abbildungen und versuchen Sie zu erraten, welche auf diese Weise eingefärbt wurden. Nun gibt es noch eine weitere Möglichkeit, Batiken mit mehreren Grundfarben einzufärben, ohne Mischfarben in Kauf nehmen zu müssen:

Der Trick heißt Entfärben.

Zu jedem Beutel Farbe gehört ein Beutel Reaktionsmittel!

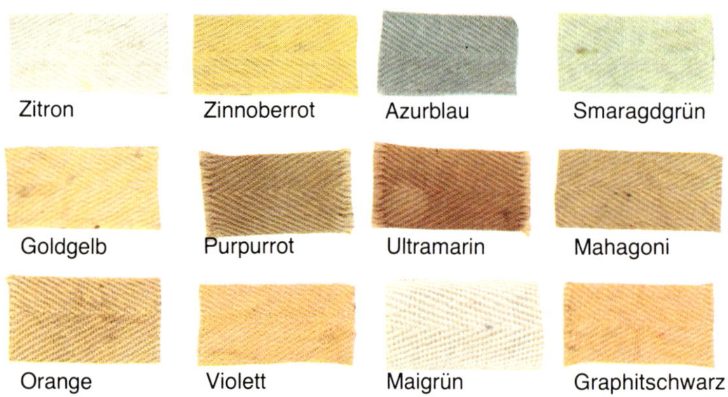

Die Farben der beiden Farbkarten von den Abbildungen auf den Seiten 16 und 17 nach dem Entfärben. Sie sehen, daß sich alle intensiven Farbtöne weniger stark entfärben lassen als die helltonigen. Der Entfärber sollte selten eingesetzt werden, also nur, wenn eine Färbung danebengegangen ist und man wieder neu einfärben möchte und nicht, um einmal Gefärbtes wieder weiß zu bekommen, denn das ist nicht möglich.

Zitron
Gelb
Rosa
Altrosa
Scharlach
Rubinrot
Karmoisin
Bordo
Hellblau
Kornblumen-
blau
Brillantblau
Dunkelblau
Marineblau
Lila
Violett
Hellgrün
Giftgrün
Russischgrün
Dunkelgrün
Lachs
Kupfer
Altgold
Beige
Rehbraun
Modebraun
Kastanien-
braun
Dunkelbraun
Perlgrau
Dunkelgrau
Tiefschwarz
Orange
Brillantrot
Türkisblau

Die Batik auf dem Seidentuch links ist bestimmt von den Blütenformen und dem eindrucksvollen Craquelé der grünen Umrandung. Auf dem Chiffonschal rechts wurden Kreis und Wellenlinie kombiniert.

Drei Seidentücher mit ornamental eingesetzten geometrischen Formen. Eine gute Idee zur Flächeneinteilung: Teilen Sie die Fläche in gleich große Quadrate auf und füllen Sie die Quadrate mit phantasiereichen Kleinformen.

Ein exotisch anmutendes Jäckchen aus Georgette mit farbenprächtigen freien Ornamenten.

Entfärben

Einen speziellen Entfärber, der zu den gewählten Textilfarben (DEKA-Textilfarbe «L») paßt, gibt es wie auch die Farbe in Hobby- und Bastelgeschäften zu kaufen. Den Entfärber verwendet man, wie gesagt, wenn eine Farbe nicht in die Färbefolge einer Batik paßt, wenn Sie also beispielsweise nach Rot ein Grün färben wollen.
Dabei gehen Sie so vor: Sie färben in einer Färbefolge, also etwa Gelb und dann Rot, und wachsen aber die Stoffflächen nicht, die später Grün werden sollen. Sie bedecken die Flächen, die weiß, gelb und rot bleiben sollen, mit Wachs und legen den Stoff in ein Entfärberbad, das Sie nach Gebrauchsanweisung angesetzt haben; setzen Sie das Entfärberbad immer bei geöffnetem Fenster an. Nach kurzer Zeit ist die Farbe fast verschwunden, der Stoff wieder hell geworden. Ganz weiß wird er nicht mehr: Die Farbproben auf Seite 16 und 17, die am Anfang des Buches in Vollausfärbung gezeigt wurden, haben das Entfärberbad hinter sich (s. Abb. auf Seite 56 und 57). Sie sehen also, wie hell in etwa der Stoff durch Entfärben wieder wird. Zumindest wird er soweit aufgehellt, daß man ohne Probleme wieder neu einfärben kann. Nach dem Entfärben färben Sie also nun Ihr Grün. Achten Sie beim Entfärben darauf, daß der Stoff nicht knittert. Durch das Knittern entstehen ja beim Färben auch die berühmten Krakelüren, aber in diesem Falle würde das Reservierte vom Entfärberbad angegriffen, und helle Knitterstreifen wären die Folge. Wer allerdings in dieser Richtung experimentieren will, kann das ohne weiteres tun – warum nicht?

Ein Kasak aus Bouretteseide, in der Farbe passend zum Unterziehpullover gebatikt.

Eine Vielzahl von einfachen Motiven findet man auf dieser zierlichen Tischdecke.

Anspruchsvolle Batiken

Das waren so die wichtigsten technischen Ratschläge, die Sie davor bewahren sollen, zu viele Enttäuschungen zu erleben, beziehungsweise Ihnen helfen sollen, bereits aufgetretene Schwierigkeiten doch zu meistern. Zum Schluß folgen noch einige aufwendige Batiken, die durch klare Linienführung, sauberes Wachsen und sorgfältige Färbefolgen sowie unter Beachtung der eben beschriebenen «Tricks» zustandegekommen sind. Ein Beispiel sind die Kissenbezüge in ornamentalen Formen gebatikt (siehe Titelbild). Schneiden Sie die Bezüge mit Nahtzugaben zu (Reißverschlüsse oder Knopfleiste berücksichtigen!) und markieren Sie die Fläche, die zum Batiken bleibt. Kombinieren Sie geometrische Formen, geradlinige wie Dreiecke und Rechtecke (siehe Kissen links vorne und hinten). Setzen Sie ein Motiv ins Zentrum und arbeiten Sie die anderen daran anschließend. Akzentuieren Sie die Ecken, indem Sie zum Beispiel ein Dreieck einsetzen. Oder nehmen Sie runde Formen, Kreise, Halb- und Viertelkreise, und überspielen Sie die Kissenfläche, indem Sie einfach mit Kreisen überziehen (siehe Kissen rechts vorne). Sie können auch einen Kreis neben das Kissenzentrum setzen (siehe Kissen rechts hinten) und um diesen Kreis andere runde Formen laufen lassen. Zirkelschlagmotive sind das Thema des rechten mittleren Kissens in Rosa und Dunkelblau. Schlagen Sie mit dem Zirkel Kreise, die sich überschneiden, und lassen Sie sich davon zu Motiven inspirieren.
Wenn Sie das Batiken nun in Angriff nehmen wollen, wappnen Sie sich mit Geduld, fangen Sie bescheiden an und – vor allem – haben Sie Spaß dabei.

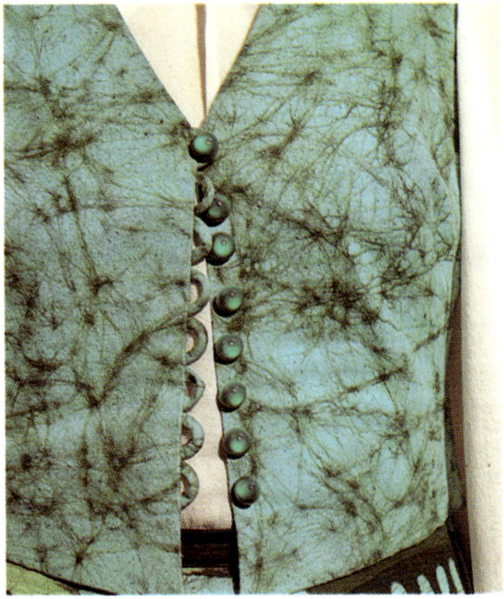

Im Detail sehen Sie das Craquelé auf dem Westchen aus Bouretteseide aus der nebenstehenden Abbildung. Das Westchen wird gefärbt (Türkis), völlig mit Wachs abgedeckt (das in diesem Fall wenig oder kein Bienenwachs enthalten darf, damit das Wachs schön bricht), geknittert und in ein dunkelgrünes Farbbad gelegt.

Rock und Weste, passend gebatikt, ergeben einen traumhaft schönen Abendanzug. Der Rock wird vor dem Nähen gebatikt, aber auf den schon zugeschnittenen Teilen, damit man die Akzente (Kreis, Linienverlauf) richtig setzen kann.

Eine Tischdecke als Zierde beim Mokka.

Ein gebatikter Seidenchiffonschal, als Ergänzung zu «fast allem» tragbar.

Zarter durchsichtiger Baumwollvoile ist das Material, aus dem der Kaftan in aufwendiger Kleinarbeit gebatikt wurde. Beachten Sie den gegengleichen Verlauf der Motive um den Halsausschnitt und das Saumornament.

Eine originelle Mischung aus Batik und Stoffmalerei: Der lange Rock wurde im Ton Kupfer gefärbt, und die leicht von Craquelé durchbrochene weiße Mittelfläche wurde mit Stoffmalfarbe und üppigen Pflanzenformen bemalt.

Ebenfalls in Mischtechnik bearbeitet wurde dieses blaue Kleid. In Rot und Blau wurden mit Stoffmalfarbe Pünktchen auf das gebatikte Kleid gedruckt. Gebatikt wurde in einem Farbton mit unterschiedlichen Färbezeiten.

Auch dieses lange Kleid wurde in einer Mischtechnik hergestellt, allerdings sind es diesmal zwei Reserviertechniken: Ärmelrand, Ausschnitt und Saum wurden gefältelt, abgebunden und gefärbt, das Blumenmotiv wurde gewachst.

Das lange Kleid wurde in der Technik der «Malbatik» gearbeitet. Das Motiv wurde mit dem Pinsel gemalt, mit Wachs abgedeckt und das Kleid in einem Blau-Grau-Ton eingefärbt.

Dieses Wandbild ist bis auf die Schlußfärbung in Hellblau eine reine Malbatik. Alle Farben bis auf das Hellblau wurden konzentriert angesetzt und möglichst heiß mit dem Pinsel auf den Stoff gemalt. Solch eine Batik darf allerdings nicht gewaschen werden, aber das ist bei einem Wandbild ja auch nicht nötig.
Reinigen lassen kann man das Bild unbesorgt. Material: Batist.

Für jeden etwas...

Praktische Gebrauchsbücher stehen Ihnen, lieber Leser, mit Rat und Information zur Seite, wenn es darum geht, Fragen des täglichen Lebens zu beantworten.
Die hervorragende Sachkenntnis und die verständliche Sprache unserer Fachautoren sind ebenso selbstverständlich wie die sorgfältige Ausstattung unseres großen Buchprogramms.
Damit bietet Ihnen der Falken-Verlag Bücher zum Lesen und Nachschlagen, mit denen Sie Ihr Leben aktiv und erfolgreich gestalten können.

Trockenblumen und Gewürzsträuße
(Best.-Nr. 5084) DM 9,80

Kleingebäck
(Best.-Nr. 5089) DM 9,80

Phantasieblumen
(Best.-Nr. 5091) DM 9,80

Brotspezialitäten
(Best.-Nr. 5088) DM 9,80

Raffinierte Steaks
(Best.-Nr. 5043) DM 9,80

Schmuck und Objekte aus Metall und Email
(Best.-Nr. 5078) DM 16,80

Spanische Küche
(Best.-Nr. 5037) DM 9,80

Zugeschaut und mitgebaut 1 – 4
(Best.-Nr. 5031, 5061, 5077, 5093)
je DM 14,80

Kalte Happen und Partysnacks
(Best.-Nr. 5029) DM 9,80

Gemüse und Kräuter
(Best.-Nr. 5024) DM 9,80

Hobby Holzschnitzen
(Best.-Nr. 5101) DM 14,80

Kinder lernen spielend kochen
(Best.-Nr. 5096) DM 9,80

Das neue Hundebuch
(0009) Von W. Busack, überarbeitet von Dr. med. vet. A. Hacker, 104 S., zahlreiche Abb. auf Kunstdrucktafeln, kart., DM 6,80

Mietrecht
Leitfaden für Mieter und Vermieter
(0479) Von Johannes Beuthner, 196 S., kart., DM 12,80

Scheidung und Unterhalt
nach dem neuen Eherecht
(0403) Von Rechtsanwalt H.T. Drewes, 104 S., mit Karten und Unterhaltstab., kart., DM 7,80

Der neue Briefsteller
(0060) Von I. Wolter-Rosendorf, 112 S., kart., DM 5,80

Die erfolgreiche Bewerbung
(0173) Von W. Manekeller, 152 S., kart., DM 8,80

Verse fürs Poesiealbum
(0241) Von Irmgard Wolter, 96 S., 20 Abb., kart., DM 4,80

Knobeleien und Denksport
(2019) Von Klas Rechberger, 142 S., viele Zeichnungen, kart., DM 7,80

Heimwerker-Handbuch
Basteln und Bauen mit elektrischen Heimwerkzeugen
(0243) Von Bernd Käsch, 204 S., 229 Fotos und Zeichnungen, kart., DM 9,80

Großes Rätsel-ABC
(0246) Von H. Schiefelbein, 416 S., gbd. DM 16,80

Stricken, häkeln, loopen
(0205) Von Dr. Marianne Stradal, 96 S., 100 Abb., kart., DM 5,80

Tennis
Technik – Taktik – Regeln
(0375) Von Harald Elschenbroich, 112 S., 81 Abb., kart., DM 6,80

Wie soll es heißen?
(0211) Von Dr. Köhr, 88 S., kart., DM 5,80

Beliebte und neue
Kegelspiele
(0271) Von Georg Bocsai, 92 S., 62 Abb., kart., DM 4,80

Vorbereitung auf die Geburt
Schwangerschaftsgymnastik, Atmung, Rückbildungsgymnastik
(0251) Von Sabine Buchholz, 112 S., 98 Fotos, kart., DM 6,80

Spaß am Laufen
Jogging für die Gesundheit
(0470) Von Werner Sonntag, 120 S., 36 Abb., kart., DM 6,80

Glückwünsche, Toasts und Festreden zur Hochzeit
(0264) Von Irmgard Wolter, 88 S., kart., DM 4,80

Spielend Schach lernen
(2002) Von Theo Schuster, 128 S., kart., DM 6,80

Spiele für Kleinkinder
(2011) Von Dieter Kellermann, 80 S., kart., DM 5,80

Selbst tapezieren und streichen
(0289) Von Dieter Heitmann und Jürgen Geithmann, 116 S., 67 Abb., kart., DM 6,80

Von der Verlobung zur Goldenen Hochzeit
Vorbereitung – Festgestaltung – Glückwünsche
(0393) Von Elisabeth Ruge, 120 S., kart., DM 6,80

Bruce Lees Kampfstil 2
Selbstverteidigungs-Techniken
(0486) Von Bruce Lee, M. Uyehara, 128 S., 310 Fotos, kart., DM 9,80

Pilze
erkennen und benennen
(0380) Von J. Raithelhuber, 136 S., 106 Farbfotos, kart., DM 9,80

Falken-Handbuch Pilze
Mit über 250 Farbfotos und Rezepten
(4061) Von Martin Knoop, 276 S., 250 Farbfotos, 28 Zeichnungen, gbd. DM 36,–

Ziervögel
in Haus und Voliere
Arten · Verhalten · Pflege
(0377) Von Horst Bielfeld, 144 S.,
32 Farbfotos, kart., DM 9,80

Beeren und Waldfrüchte
erkennen und benennen –
eßbar oder giftig?
(0401) Von J. Raithelhuber, 136 S.,
90 Farbfotos, 40 s/w, kart., DM 16,80

Arzneikräuter und Wildgemüse
erkennen und benennen
(0459) Von J. Raithelhuber, 140 S.,
108 Farbfotos, kart., DM 12,80

Tee für Genießer
(0356) Von Marianne Nicolin, 64 S.,
4 Farbtafeln, kart., DM 5,80

Fred Metzlers
Witze mit Pfiff
(0368) 120 S., Taschenbuchformat,
kart., DM 5,80

Selbst Brotbacken
mit über 50 erprobten Rezepten
(0370) Von Jens Schiermann, 80 S.,
mit 6 Zeichnungen und 4 Farbtafeln,
kart., DM 6,80

Kalorien · Joule
Eiweiß · Fett · Kohlenhydrate
tabellarisch nach gebräuchlichen
Mengen
(0374) Von Marianne Bormio, 88 S.,
kart., DM 4,80

Zimmerpflanzen
(5010) Von Inge Manz, 64 S.,
98 Farbabb., Pbd. DM 9,80

Die 12 Sternzeichen
Charakter, Liebe und Schicksal
(0385) Von Georg Haddenbach,
160 S., gbd., DM 9,80

Möbel aufarbeiten, reparieren und pflegen
(0386) Von E. Schnaus-Lorey,
96 S., 104 Fotos und Zeichnungen,
kart., DM 6,80

Selbst Wahrsagen mit Karten
Die Zukunft in Liebe, Beruf und
Finanzen
(0404) Von Rhena Koch, 112 S.,
viele Abb., Pbd., DM 9,80

Einkochen
nach allen Regeln der Kunst
(0405) Von Birgit Müller, 96 S.,
8 Farbtafeln, kart., DM 6,80

Die besten
Tierwitze
(0496) Herausgegeben von
Peter Hartlaub und Silvia Pappe,
112 S., 25 Zeichnungen, kart., DM 5,80

Tauchen
Grundlagen – Training – Praxis
(0267) Von W. Freihen, 144 S.,
71 Fotos und Farbtafeln, kart., DM 9,80

Moderne Schmalfilmpraxis
Ausrüstungen · Drehbuch · Aufnahme
Schnitt · Vertonung
(4043) Von Uwe Ney, 328 S., mit über
200 Abb., teils vierfarbig,
gbd., DM 29,80

Windsurfing
Handbuch für Grundstein und Praxis
(5028) Von Calle Schmidt, 64 S.,
über 50 Abb., durchgehend vierfarbig,
Pbd., DM 9,80

Reiten
Vom ersten Schritt zum Reiterglück
(5033) Von Herta F. Kraupa-Tuskany,
64 S., mit vielen Zeichnungen und
Farbabb., Pbd., DM 9,80

Die Selbermachers
renovieren ihre Wohnung
(5013) Von Wilfried Köhnemann,
148 S., 374 Farbabb., Zeichnungen
und Fotos, kart., DM 14,80

Bauernmalerei
leicht gemacht
(5039) Von Senta Ramos, 64 S.,
78 vierfarbige Abb., Pbd., DM 9,80

Großes Getränkebuch
Wein · Sekt · Bier und Spirituosen
aus aller Welt, pur und gemixt
(4039) Von Claus Arius, 288 S.,
mit Register, 179 teils großformatige
Farbfotos, Schuber, gbd., DM 58,–

Die besten
Ostfriesenwitze
(0495) Herausgegeben von
Onno Freese, 112 S., 17 Zeichnungen,
kart., DM 5,80

Moderne Fotopraxis
Bildgestaltung · Aufnahmepraxis ·
Kameratechnik · Fotolexikon
(4030) Von Wolfgang Freihen, 304 S.,
mit 244 Abb., davon 50 vierfarbig,
Balacron mit vierfarbigem Schutz-
umschlag, abwaschbare Polylein-
prägung, DM 29,80

Falken-Handbuch spielen
drinnen und draußen, für jung und alt
(4034) Von Heinz Görz, 430 S.,
mit 370 farbigen Zeichnungen,
gbd., DM 36,–

CB-Code
Wörterbuch und Technik
(0435) Von Richard Kerler, 120 S.,
mit technischen Abb., kart., DM 7,80

Münzen
Ein Brevier für Sammler
(0353) Von Erhard Dehnke, 128 S.,
30 Abb. – teils farbig –, kart., DM 9,80

Naive Malerei
leicht gemacht
(5083) Von Felizitas Krettek,
64 S., 76 Farbfotos, Pbd., DM 9,80

Balkons in Blütenpracht
zu allen Jahreszeiten
(5047) Von Nikolaus Uhl, 64 S.,
82 vierfarbige Abb., Pbd., DM 9,80

Grillen
drinnen und draußen
(4047) Von Claus Arius, 152 S.,
30 Farbtafeln in flexiblen Karton,
gbd., DM 12,80

Moderne Korrespondenz
(4014) Von H. Kirst und W. Manekeller,
570 S., gbd., DM 39,–

Die Frau als Hausärztin
(4072) Von Dr. med. Anna Fischer-Dückelmann, 808 S., 16 Farbtafeln,
174 Fotos, 238 Zeichnungen, DM 58,–

Kalte Platten
(4064) Von Maître Pierre Pfister,
240 S., 135 großformatige Fotos,
gbd., DM 48,–

Judo
Grundlagen-Methodik
(0305) Von Mahito Ohgo, 204 S.,
mit 1025 Fotos, kart., DM 14,80

Sportfischen
Fische – Geräte – Technik
(0324) Von Helmut Oppel, 144 S.,
mit 49 Fotos, Abb., und 8 Farbtafeln,
kart., DM 9,80

Katzen
Rassen · Haltung · Pflege
(4216) Von Brigitte Eilert-Overbeck,
96 S., 82 großformatige Fotos,
Pbd., DM 19,80

Das Aquarium
Einrichtung, Pflege und Fische für
Süß- und Meerwasser
(4029) Von Hans J. Mayland, 334 S.,
mit über 415 Farbabb. und Farbtafeln
sowie 150 Zeichnungen und Skizzen,
gbd., DM 36,–

Hunde-Ausbildung
Verhalten – Gehorsam – Abrichtung
(0346) Von Prof. Dr. R. Menzel,
96 S., 18 Fotos, kart., DM 7,80

Faszinierende Formen und Farben
Kakteen
(4211) Von Katharina und Franz Schild,
96 S., 127 großformatige Farbfotos,
Pbd., DM 19,80

Astrologie
Charakterkunde – Schicksal, Liebe
und Beruf – Berechnung und
Deutung von Horoskopen-Aszendenttabelle
(4068) Von B. A. Mertz, mit einem
Geleitwort von Hildegard Knef, 342 S.,
mit erläuternden Grafiken,
gbd., DM 29,80

Das farbige Kinderlexikon
von A–Z
(4059) Herausgegeben von
Felicitas Buttig, 392 S., 386 farbige
Abb., Pbd., DM 29,80

Die hier vorgestellten Bücher sind nur eine Auswahl aus unserem großen Ratgeber- und Sachbuchprogramm.
Bitte fordern Sie unser kostenloses Gesamtverzeichnis an.

Falken-Verlag GmbH · Postfach 1120
D-6272 Niedernhausen/Ts.